シャーロック・ホームズ家の料理読本

復刻版

ファニー・クラドック／著
成田篤彦／訳

朝日文庫

本書は一九八一年三月、晶文社より刊行されたものを
文庫化にあたり再編集したものです。

イラスト＝Val Biro

シャーロック・ホームズ家の料理読本●目次

朝食

スープ

魚料理

鶏と禽獣肉のお料理

肉料理

臓物料理

チーズ料理

食後のお菓子

おやつ

お口直し

お飲みもの

ジャムや漬物

THE SHERLOCK HOLMES COOKBOOK BY MRS. HUDSON
by Fanny Cradock

First published by W.H. Allen / Virgin Books, London 1976
Japanese edition published by arrangement with Penguin Random House
UK through Tuttle-Mori Agency, Inc., Tokyo

シャーロック・ホームズ家の料理読本

このような形の本を書こうという思いつきは私が考え出したものではなく、コナン・ドイルの遺産管理者の方々の言によれば、これまで何人かの人々によって検討されて来たもののようです。たまたま私がそれを耳にして、その考えのとりこになってしまったわけです。

こうして、このハドスン夫人という、ヴィクトリア朝の全盛期に、二人の男性のために料理を作っていた人物の登場と相成った訳ですが、このヴィクトリア朝という時代そのものが、すでに、私にとっては特別の魅力を持ったものだったのです。と申しますのも、この時代は、エスコフィエの名著『近代料理の手引き』が世に出る数年以前に、そこに載っているすべてのことをすでに書いていたひとりの女性をこの世に送り出した時代だったからなのです。

この女性は名前をアグネス・バーサ・マーシャルといいます。彼女についてのお話は、私が現在まだ執筆中の別の本、『偉大なマーシャルの神秘』ですることになると思いますが、それは文字通り「神秘」な話なのです。と申しますのも、この社会的にも著名な美貌の料理研究家は、ハドスン夫人の口吻を借りれば、「驚くべき素晴らしい女性ですが、その生れは（そしていつ亡くなったかも）深い神秘のベールに包まれているからなのでございます」

私は彼女の著作からも借用しましたし、ごく細い糸で彼女をハドスン夫人と関連づけておきました。私はまたわが家の家伝の料理法からも採りましたし、私の古い記録に含まれる多くのお料理を、ハドスン夫人の手になることにしました。手短かにいえば、私はアーサー・コナン・ドイル卿の「シャーロック・ホームズ」の全部の物語を渉猟して、目につく限りの引用を拾いあつめ、こうして作ったか細い骨組みの上に、『シャーロック・ホームズ家の料理読本』を組み立てたのです。この本を書くのは面白い仕事でした。それは私に限りない楽しみを与えてくれました。同時にそれは私の料理チームを疲労困憊の極に追いやるものでもありました。と申しますのも、私は「試作して、試食して、掲載の価値ありとしたもののみを公けにする」ことを私の主人と私自身のモットーに決めており、どのようなことがあっても、それを外れないようにしておりますので、私の料理チームは、ここに書かれた料理をすべてチェックし、試してみなければならなかったのです。

私どもの友人たる読者諸賢に束の間の楽しみをお与えすることができれば、私の仕事は完き報いを得るものと申すべきでしょう。

1975年4月8日　ファニー・クラドック

ハドスン夫人の自己紹介

「出過ぎた真似はするものではないよ、おまえ」*父からよくそう言い聞かされていたものですが、私はいつもこの父の言いつけを守ってまいりました。

私はベーカー街221番地Bのシャーロック・ホームズ様のお宅で、長年家政婦をしておりましたが、あの時分ほど、この言いつけを守ることが大切だったこともございません。ベーカー街のお宅では、お二人の紳士のお世話をしておりました。と申しますのも、ワトスン先生は、結婚なさってからも、それは足繁くお見えになりましたので、お食事に関しては、いつもこの方を考えに入れておくことが必要だったのでございます。

今では隠居をして静かに暮しておりますが、思いがけなくも、ホームズ様から過分の年金を頂戴しておりますので、小さな田舎家の片付けと、少しばかりの庭の手入れをする他は、時間を持てあましている有様でございます。

こちらに落ち着きましてから一年ほど経った頃でございましたか、正確な月日はとんと思い出せませんが、今では私のたったひとりの身寄りとなりました甥が、ふと口にいたしましたことから、ひょっとして、私の経験をご披露すれば、独り身の殿方の賄いをなさっている方のお役に立つこともあるかもしれないと思いはじめたのでございます。

申し上げておきますと、甥のセプティマス・コークは、以前からジャーナリズムに関係しておりましたが、その頃、まさかと思っていたロンドン・メール新聞社に採用になり、洋々たる自分の前途を考えて、実際、意気軒昂だったのでございます。

たまたま、甥が、ホームズ様（とワトスン先生）のお気に入りの料理を記録に留めてあるかと尋ねましたので、当然のことながら、私はそれに応えて何冊かの私のメモ帳を見せたのでございます。メモ帳を取り出して来て見ますと、しばしば危険な目にもお遭いになるお出かけからお二人がお帰りになるのを待って、ろうそくの灯りの下でこのメモ帳を書いて何時間も潰したことが、はっきりと思い出されてまいりました。約束の時間を何時間も過ぎてお帰りにならないことも再三でしたので、そんな折りにはお食事の味が落ちてしまわないように、召しあがり物から目を離さないでいるほかにはすることもございませんでした。それで、調理法や調理のポイント、自分のための心覚えなど、そのほか今後の機会に参考になるかも知れないと思われることを、何でもそのメモ帳に書き込んでおいたのでした。メモ帳に目を通しておりますうちに、セプティマスは目を輝かせてまいりました。

「いいかい、サラおばさん」どちらかと言えばうす青色の眼を眼鏡の奥で輝かせて甥は申しました。「これを本にすべきだよ。この何分の一かを――もちろん抜粋になるけど――ロンドン・メールの編集長に引き受けるように説得することは、実際、不可能な事じゃない。――編集の方は僕が喜んでしてあげるよ」

その時は、そんな考えは私のような身分の者にはあまりに空想めいていたので、まるで取り合いませんでしたが、庭の香味用植物を切って束ねたり、カーネーションを植えたり、なでしこの切り穂を採ったりしておりますと、絶えずそのことが頭に浮んでくるのでございました。

今もはっきりと憶えておりますが、8月のある暑い日のことでございました。お二人にお仕えしていた頃の大切な思い出の品々を置いてあります小さな涼しい居間に戻ってまいりますと、甥の申しました考えで頭が一杯になってしまっていて、とても庭仕事に気持を集中できないということがわかったのでございます。私は自分の「料理ノート」や「漬物の漬け方」（ワトスン先生は添え皿にチャツネを付けたり、味の濃いお漬物を広口壜にたっぷりと入れてお出しするのを、ことのほかお好みになられました）、それに「食後のお菓子の記録」（ホームズ様は寒い冬の日にプラム・ダフ*を厚く切って召しあがるのがお好きでした）に目を通しはじめました。そして自分に向って声に出してこう申しました。「サラ・ハドスン、年寄りの知恵が若い方の役に立つこともあるわ。甥の言うとおりになさい」

すぐさま、私はボンネットを被り、戸締まりをすると――この村では戸口などみんな開け放して出かけてもよろしいのですが、身についた習慣というのは抜けないものでございます――郵便局長のピーティ夫人の所へ道を急いだのでございます。ピーティ夫人のお店で、私は彼女が「フールスキャップ」と名付けている長い紙をひとしめ買いました。なぜそんな紙を買ったかと申しますと、以前に、私の「理想の人」アグネス・バーサ・マーシャル夫人が開いておられるグレイト・モーティマー街の料理学校へちょっとした買物をしにまいりました折りに、偉大なマーシャル夫人その人が小さな事務所で、その紙とそっくり同じ紙に何か書きものをしていらっしゃるのをチラッと目にしたことがあるからでございます。このフールスキャップは4シリング4ペンスいたしました。それに、新しいペン軸に半ペンス、「帳簿記入用」のペン先1ダース入りひと箱に4ペンス半のお金を遣って「資本支出」を増やしたのでした。こうして、当初の投下資本として――結局それが全投下資本だったのですが――4シリング9ペンスを費して、私はこの冒険に船を乗り出したのでございます。

幼い頃から父に躾けられたおかげで几帳面な人間にできておりますので、私はすぐに、この私の小さな船の舵を――この船を私は「著述の大冒険丸」と名付けました――しっかり握っていないことには、私はたちまち荒海に放り出されてしまうだろうということをさとりました。それで、私は仕事の予定をきっちり組んで、そこから一歩たりとも外れないようにいたしました。

ここで、こうお尋ねがあるかも知れません。そもそも、私のような身分の者がどうやって文字を書くほどの教育を身につけたのかと。

私はホクストンで生れました。私の父は10歳の時に熟練した家具職人のスミスさんという方のところに徒弟にまいりました。そして、スミスさんがお亡くなりになるまでそこにおりましたが、その頃には父はもう仕事もすっかり覚え、自分でも家具作りがたいそう性に合っているようでございました。それで結局の所、スミスさんの息子さんのジョーさんと共同経営をすることになったのでございます。私はまったくと申してよいほど学校には行っておりませんが、11歳のときにアパー・グローヴナー街のあるお屋敷に乳母の下働きとして引きとっていただきました。これは私にとってこの上もないほど幸運なことでございました。と申しますのも、乳母は、私がほとんど読み書きができないのを知って、お子様たちが勉強をお始めになるお仲間に私も加えていただくよう、奥様のお許しを得て下さったのです。お子様たちが女の家庭教師について勉強をなさるようになってからも、奥様と乳母（プライベートなことですからご親切なおふた方の名前をお出しするのは適当ではないかと存じます）のお二人の間の相談で私に勉強を続けるようにと強くお勧め下さったのでございます。こうした次第でしたから、乳母が、私があらゆる料理法に興味を示すのを見て、料理番から少し教えてもらいなさいと下の階にやって下さるようになった頃には、私はマッシュルームの形の整え方――それを料理番はマッシュルームを「むく」と言っていました――からレモン・カードの一番美味しい作り方にいたるまで、教わったことを自分で書き留めることができるようになっておりました。それから2年経ちますと、料理番も年をとり、しかもそのことを人に知られたくなかったものですから、私は料理番の助手としてずっと「下の階」にいることになりました。それで、まもなく、お料理の方はほとんど私がやり、料理番はひどいリューマチを患っていましたので、揺り椅子に坐って指図をするだけになりました。

私が30になりました時に、料理番は退職いたしました。それで私がご一家の正式な料理番となったのでございます。しかし、奥様が旦那様を亡くされておひとりになられますと、料理番も用なしとなり、私は田舎に帰ってかなりの耐乏生活をしなければなりませんでした。

『タイムズ』紙の広告を見たのはそんな時でございました。「求む賄い方兼家政婦。当方独身男性、ベーカー街の貸間に居住」という広告でございました。

私はこれに申し込んでみたのですが、ここで、私が一生を通じてただ一度嘘をついたことを白状しておかないと良心が許さないのでございます。私はまだ30にしかならなかったのに、40歳と年齢を偽ってしまったのです。私はサラ・ハドスン（ミセス）と署名をして、それで、その職を手に入れることができたのでございます。そんなことをいたしまして、その後何年間も良心の苛責に苦しんだのですが、ホームズ様がご帰還になってから（読者の皆様は、ホームズ様が悲劇的な最期を遂げられたと誰もが信じた例の物語をご記憶のことと存じます）、私は何もかもホームズ様に打ち明けたのでございます。私の告白を聞いてホームズ様がお笑いになられた時、私がどんなにか驚き、また、ほっといたしましたことか、ご想像いただけるものと存じます。実際、しばらくお笑いになった後で、こうおっしゃられたのでございます。「思っていたよりも10年も余計に君に面倒を見てもらえることになっておおいに安心したよ」それ以上何もおっしゃらず、このことは片付けておしまいになられました。良心というものが、あとから見れば無用のものであったことがわかることがしばしばあるにせよ、それでもやはり当然の報いともいうべき苦しみを強いるものだ、という教訓だと申せましょう。

最後に申し添えておきますと、この本に収めたお料理は、皆、一度はホームズ様やワトスン先生、それにお二人の所にお見えになったいろいろなお客様にお出しして喜んでいただいたものでございます。

サラ・ハドスン（齢72の折りに）

サラ・ハドスンの家事のヒント集

換算表

1ポンド(pound)＝453.6グラム
1オンス(ounce)＝1/16ポンド＝28.3495グラム
1パイント(pint)＝約570cc
1液量オンス(fluid ounce)＝1/20パイント＝約28.5cc
1クオート(quart)＝2パイント＝約1140cc
1ジル(gill)＝1/4パイント＝約142.5cc
1インチ(inch)＝2.54cm

《くらしの知恵あれこれ》

変質したバターを戻すには

必要なだけバターを切り、ボールに入れます。それから、冷水1パイントに対して重曹をたっぷりひとつまみの割合で混ぜ合わせます。よくかき混ぜてから、これをバターの上に注ぎ、少なくとも24時間そのままにしておきますと、バターはできたてそのままの新鮮な良い香りに戻っております。

切りかけのハムを乾燥させないために

特にクリスマスの季節になると、あちこちのご家庭で、大枚をつぎ込んで七面鳥に添える大きなハムをお求めになりますが、いったん包丁を入れてしまいますと、ハムは切り口が乾燥してまいりますので、料理人はハラハラするものです。切り口に、少し温めたマトンの脂を、ジャムを塗る要領でたっぷり塗り、その上から紙を一枚被せておきますと、次に食卓に出すときには、両方が簡単に剝がれてまいります。少々贅沢でも構わないと思う場合は、少し温めたバターを使って同じようにすることもできます。

とき辛子の保存

食卓から下げてきた時に、壺の中の辛子がまだ半分残っていたら、辛子の表面をできるだけ平らにし、茶匙の背を伝わらせて、ごく少量のオリーブ油を注ぎ、辛子の表面に薄い被膜ができるようにします。こうして、もう一度食卓に出すまでとっておくことができます。油を捨て、からしをかき混ぜれば、残っていた油が辛子に混ざり、一層おいしくなります。節約家の方は辛子の混じった油を小さな壜にコルク栓をしてとっておいて下さい。充分な量がたまったら、それでオックスフォード・ソース（256ページ参照）を作って下さい。油は乾物類の棚に置いておけば、少なくとも1年はもちますから、気の向いた時にお作りいただけばよいでしょう。

レモンを長もちさせるには

泡立てない生の卵白を、レモンの全面に塗ります。それを乾かしてから、さらに2度同じことを繰りかえしますと、暑い盛りの季節でも、レモンを何週間ももたせることができます。レモンの生命、つまり「レモンの香り」という言葉の本当の意味はレモン・オイルなのですが、卵白はこのレモン・オイルが逃げないようにするのです。

シミ抜き用のジャベル水*

普通の重曹1ポンドを1クオートの熱湯に溶かし、これに1/4ポンドのさらし粉をかき廻しながら加え、すっかりさめるまでそのままにしておきます。この液は漂白に使うこともできます。少量を桶の水に垂らし、哀れなほど黒ずんでしまった白い衣類を、ひと晩これにつけておきます。朝になったら、普通の通り青み袋*を使ってからすすげば、衣類は草の上に乾して漂白したように真白になります。

焼け焦げとりにはこれが一番

半パイントのモルト・ビネガー*に、普通の重曹2オンス、フラー土2オンス、（皮付きの）玉葱4オンスをみじんに切って入れ、煮立てます。水気を切り、冷えてから焼け焦げの上に塗りつけ、自然に乾かします。焼け焦げは跡かたもなくなっていることでしょう。

家具のつや出し

◆材料　蜜ろう、1オンス。白ろう、1オンス。カスチール石けん*、1/2オンス。テレピン油、1/2パイント。沸騰しているお湯。メチル・アルコール、1/2液量オンス。

♥作り方　ろうと石けんを細かく刻みます。これがちょうど溶ける位の分量の熱湯を加え、つるつるした滑らかなペーストを作ります。かき混ぜながらテレピン油とメチル・アルコールを加えます。

特製銀磨き

良質の棒石けん1本（「妖精印」のバス用小型石けん2個——ファニーのメモ）を刻み、かき混ぜながら1½パイントの熱湯を加えますと、冷えた時にゼリー状のものができあがります。これにホワイティング*を粉末にして加え、ホイップド・クリームのようになるまで、よく泡立てます。羊皮紙で口の所をしっかり結わえて蓋をし、壺に貯蔵しておきます（ねじ込み式の栓のついた口の広い罎なら何でも良いでしょう。——ファニーのメモ）。湿したフランネルにこれをつけ、銀製品をくまなくこすります。それからぬるま湯でよくすすぎ、ふいてから乾かします。セーム皮で磨くと、新品同様のピカピカの艶が出てまいります。こうすれば、お求めになった銀製品の価値を増し、頭頂部や彫りものをした部分にホワイティングの残ることもありません。

★ファニー・クラドックからのご注意　わが家では銀製品磨きや家具磨きを買うことをやめ、かわりに欠かさずこの方法で作っています。二つとも実際素晴らしいものです。

虫の好かない窓の拭きかた

柔らかい布を灯油に浸し全体に良く染みこませます。これで窓を強くこすり、その後、きれいな乾いた布で磨きます。窓がピカピカになるばかりでなく、虫も付かなくなります。これほど手早い仕末の仕方もないでしょう。

庭のナメクジ退治

地面に空き缶かジャムの空き壜のような容器を口の所までスッポリ埋めこみ、そこにミルクを入れておきます。ナメクジはミルクに——それに実のところスタウトにも——目がないのです。ナメクジはミルクをガブガブ飲んで容器の中に落ちこみ、溺れ死んでしまうのです。こんな簡単な方法で一晩に45匹ものナメクジを捕えたことがあります。

《病人食と看病の実用的ヒント》

洗濯屋に出す時の目印

ジョン・ボンド社製の「水晶宮印目印用インク」に優るものはありません。何しろ消えずにしかもどんな繊維も少しも傷めることがありません。お値段は小壜で4ペンスですが、これはお安い買物です。これで自分の出した通りのものが洗濯屋から帰って来て、自分の持物でなくたいてい自分のより悪い他人の物を受け取らなくて済むのですから。最近の洗濯屋というのはご承知の通りですから。(今の洗濯屋はもっとですね――ファニーのメモ)

ベッドにずり落ちない法

ホームズ様が気管支の鬱血ですっかり参ってしまわれた時、ワトスン先生は、しばらく激しくやり合ってから、首尾よくホームズ様を床につかせると、患者を決してベッドに横にさせないようにと、はっきりお命じになりました。幸いにして、私はどうしたら良いかをすぐに思いつき、これがまたうまく行ったのです。と申しますのも、病室を出て道具を取りに行こうとしますと、私がホームズ様に背を向けるや否や、ホームズ様は、もう、ずり落ちてベッドに横になってしまわれ、ご立派なお鼻をシーツに埋めて、陰気にゼイゼイと息を切らしていらっしゃるのです。シャンと体を起こして坐った姿勢になり下さいと、一心にお勧めして、何度も「チェッ」とおっしゃられてから、ようよう私の目的が達せられると、私は長まくらの両はしをテープできつく結わえてホームズ様にお渡ししたのです。「さあ、私を手伝って下さいまし。ホームズ様」私はきっぱりこう申し上げました。「この長まくらをお膝の下に入れて下さいまし」少々しぶしぶながらも、ホームズ様が申し上げたとおりにして下さいましたので、両はしの紐がダラリと垂れ下がりました。こうして私はうまく長まくらをベッドの鉄の柱に結わえつけて固定し、ホームズ様が眠りこんでしまわれても――お寝みになれると良いとは思ったのですが――ベッドにずり落ちないようにしたのでございます。もちろん、「ひとを七面鳥のようにくくりおって」というホームズ様のご抗議にあって、私はお部屋から追い払われてしまったのですが、それでも、これはうまく行き、ワトスン先生がお帰りになると、この「名案」にお賞めの言葉を頂戴したのでした。

本当の大麦湯の作りかた

ホームズ様が「あの子」*をはじめて家に連れて来られた時、どうしてかをここで申し上げるのは憚られますが、この少年が軽い急性腎炎にかかっているのが私にはすぐわかりました。そこで私は日に2回、この大麦湯を服ませたのですが、3週間経ちますと、私にもそれとはわからぬほど、すっかり治ってしまったものでございます。

◆材料　精製した丸麦、1½オンス（私の経験ではロビンソン印が最上です）。水、1½パイント。大きいレモン、半個。お好みに合わせてバルバドス産の砂糖、少々。

♥作り方　漉し器に清潔な布巾を敷き、ここに大麦を入れ、これを水道の蛇口の下か、台所用のポンプの口の下できれいにすすぎます。鍋に冷水を入れた中にこれをさらし、手速く煮立たせます。はじめと同じように、漉し器に清潔な布巾を敷いて、これを漉します。大麦を鍋に戻し、分量の水に、ごく薄くむいた半個分のレモンの皮を加えてから、大麦に注ぎます。これを、かまどの端で1時間ほどゆっくりと煮ます。タミー布*でこれを漉し、ごくわずかに甘味をつけます。

ビーフ・ティー

ホームズ様は、私が「あの子」[1]に大麦湯を服ませることには少しも興味をお示しにならず、あの子のためにビーフ・ティーを作るようにお申しつけになって、こうおっしゃいました。「あの子は骨と皮だね。あれじゃあ物の役に立たない。ハドスンさん、あいつにたらふく食わせて、一カ月間、毎朝、ジョッキ一杯ビーフ・ティーをやってくれたまえ。そうしたら、私のために飛脚の用がどれだけ足せるかわかろうよ」

もしお宅にシャンペンの空壜があれば、ビーフ・ティーはとても簡単にお作りになれます。最初に1ポンドの赤身のランプ・ステーキをご用意下さい（ヒレ肉よりランプの方がずっと香りがよいのです！）。これをまな板の上で、よく切れる包丁を使って、薄くそぎ切りにします。この時皮の切れ端や軟骨や脂の部分があったら必ずとり除いて下さい。シャンペンの壜の口から肉を押しこんで下さい。肉がすっかり壜に入ったら、一度よく沸かした雨水を1ジルこれに注ぎます。しっかりとコルク栓をしてから、壜を厚手の布でくるみ、上からたこ糸をグルグル巻いて結わえて下さい。これを大型のスープ鍋か、大型の鉄鍋のような容器に、立てたまま入れますが、この時壜が割れる危険を避けるために、壜は直接お鍋の底に置かず、木片を一枚敷いた上に載せるようにします。壜がすっかりかぶるように水を入れ、これをかまどの端において、ごくゆっくり泡が立つ程度の弱火でたっぷり24時間煮込んで下さい。24時間経ってから、壜に巻いた布をとり、注意深く壜の中身をタミー布で漉し、最後に同じように注意深くタミー布で絞りますと、残った肉片は色がほとんど真白になり、香りがすっかり抜けているのがおわかりになるでしょう。こうしてとれた肉汁を二等分して、半分は冷たい食料貯蔵室にバター・モスリン*を被せて置いておけば、毎日食卓に規定量をお出しするには充分でしょう。こうしますと、無くなるまでには、同じ方法で次の分を用意しておくことができますので、必要な間これを続けていけばよろしいでしょう。

メモ　病犬用の適量、一日茶匙1杯。

喉の痛みの特効薬

ホームズ様がときおり正真正銘の神経過敏症におなりになっていたのは疑う余地があ

りません。あれは例のひどい注射好きのせいだとおっしゃる方もありますが、私としましては、すべて偉大な方というものは、生まれつきとても繊細な神経をお持ちなので、私ども凡人以上に、そのためにお苦しみになるのだという確信めいたものを持っております。

それはさておき、もう何年も前の話になりますが、ある冬の晩、ホームズ様が霧の中をお宅にお戻りになりますと、まるでヒソヒソ話でもしているかのような声しか出なくなっていたのでございます。

「ご覧の通りの結構な有様さ」とホームズ様は、玄関ホールで鹿撃ち帽《ディア・ストーカー》とアルスター外套を脱ぎながらおっしゃいました。「これをどうしてくれるかね。ハドスンさん」

「一体なにをどうしろとおっしゃっているのです」私がうかがいました。

「きまっているじゃないか」しわがれ声ながらもいら立った声でおっしゃいました。「いつもの声に戻してくれと言うんだよ。明日の晩、さる立派な学会で私の発見した犯罪学上のいくつかの局面について話をしなければならないんだよ」

「それではご主人様」と私は落ち着いてお答えしました。「今夜は、以後、もうお喋りになろうとなさらないで下さいまし。私や『あの子』にお言いつけになりたいことがあったら、どうか私の言うことを聞いて、紙にお書きになって下さい。そしてお寝みになる前に何かお飲み物を一杯できるだけ熱くして差しあげますので召しあがって下さいまし」

私は、もうひとつ付け加えて、ご主人様にこうお言いつけしました。お飲み物は床におつきになって、しっかり毛布にくるまってから召しあがって下さい、と。

驚いたことに、ホームズ様はそうしようと言って下さいました。もっとも、私が熱いブロスを差しあげ、そのあとポーチド・エッグとほうれん草の軟らかいお料理（これは、正式には、フローレンス風卵料理《エッグズ・フロレンタイン》というのだと後になってからマーシャル夫人の本で知りました）を差しあげますと、ホームズ様が「こんな離乳食」うんぬんと言う不機嫌なメモを私にお渡しになりましたが、やはり……と思い別に驚きもいたしませんでした。そのあと溶かしたチーズにワインなどを加えたもの（これも、あとになってから、チーズ・フォンデュというのだと知りました）をかなりたっぷり召しあがると、満腹したとおっしゃって、あとは例の絶えず続けていらっしゃる実験をなさりながら、ポート・ワインを一、二杯お飲みになっただけでした。

決めておいたとおりに私はホームズ様の寝室のドアを叩き、「入りたまえ、ハドスンさん。もう床に入っているから」というお許しがでたので、私の特効薬をお盆にのせて入ってまいりました。実際ホームズ様はベッドに居られ、例の有名なガウンを肩に掛け、膝の上には本を立てて、ナイトキャップを少々斜めながらもきっちり被っていらっしゃいました。

翌朝になると、朝食のテーブルから大きな怒鳴り声が聞こえてまいりましたので、今度も私の処方が成功をおさめたのだと確信することができたのでございます。

その作りかた

背の高いコップ（8液量オンスのもの。——ファニーのメモ）を用意し、自家製の黒すぐりのジャムを大匙に山盛り2杯入れます。中位の大きさのレモンを1個搾り、漉してからこれに加えます。それにくるみの実大のバターを加えてから、熱湯を口まで注ぎます。ジャムのすぐりがすっかり白くなるまでかき混ぜます。すぐりが底に沈むのを待って、熱いうちにすすりながら召しあがるようにして下さい。

朝食

朝食

ちゃんとした朝食をとらずに、かわりに、コーヒーを一杯すすり、トーストをたった一枚かじるだけ、という妙な気まぐれが愚かな人々の間に流行りはじめております。この新奇な実験を実際に試みられた方は少ないようですが、愚かしくも試してご覧になった方は、たちまちもとの習慣にお戻りになり、一日のはじめに、栄養のあるきちんとした食事をなさるようになりました。ほんのひと握りほどの「気まぐれ屋さんたち」のご意見がどんなものであるにせよ、朝食が一日のうちで最も必要欠くべからざる食事であることは、大多数の方が理解し、お認めになるところでしょう。

良い朝食とはつぎのようなお献立であると申してよろしいでしょう。生クリーム付のお粥、とろ火で煮たいちじくかすもも。ケジャリーまたは焼いた燻製にしんまたはカレー味の牡蠣《かき》。マッシュルームを焼いたものに、ビーフ・リソールまたはカツレツ・リフォーム。スクランブルド・エッグ、ベーコン・エッグ、ソーセージとベーコンを焼いたもののどれかに焼いたマッシュルームとスコッチ・エッグと胡椒味のキドニー。大麦粉のケーキ、スコーン、小型のロールパン、トースト、クランペット、マフィン、ミルク・ロール。ジャム、ママレード、蜂蜜、紅茶とコーヒー。サイド・ボードの上に、コールド・ミートの薄切り、野禽獣のパイ、ハム、タン。狩猟シーズン中は冷製の野禽獣。ビーフ・ステーキとキドニー・パイ。仔牛肉とハムのパイ。山盛りにした果物。

右に挙げたお献立[2]は、私がお世話になっていたアパー・グローヴナー街のお屋敷では、いつでもひととおり食卓に出ておりました。もっとも、ホームズ様の所で働くようになってからは、これほど豪華にはいたしませんでした。

この朝食のメニューはほんの骨組みだけをのべたにすぎませんので、これから幾分くわしくお話しすることにいたします。

燻製にしんの網焼き《グリルド・ブローター》

これには特別な手順があり、いつもそれを守らねばなりません。まずはじめに頭を取ります。それからにしんの背に沿って包丁を入れて開き、腹子と中骨を取ります。身の方を下にして焼き網にのせ、こんがりと色がつくまで中火で焼きます。それからよく注意して裏返し、反対側を焼きます。こうして焼いているあいだに、適当な大きさのバターの塊をフライパンに溶かし、これで腹子をバター焼きにします。皿にきれいなナフキンを敷いた上に燻製にしんと腹子を盛り、油で揚げたパセリにレモンを添えて食卓にお出しします。

ホカホカの朝食用ケーキ

これは、できたての熱いところをいただかなければなりませんので、「あの子」と私は二人して話し合い、まず6個を先にご主人様たちの所へお運びし、それから5分経ってから次の6個に取りかかるようにし、こうして、しまいまでおいしいところを召しあがっていただけるようにいたしました。

◆材料　ふくらし粉入り小麦粉、1ポンド。塩、たっぷりひとつまみ。良質のバター、4オンス（または鶏の脂を溶かして漉し、それを固めたものが4オンスあれば一層よい）。バター・ミルク*、少々。

♥作り方　大き目のボールを下において、粉を塩と一緒によくふるい入れます。これにバターを小さく切り入れますが、このとき、ナイフがベトベトにならないように、絶えず粉にくぐらせながら切ります。つぎに、バターを粉と一緒に握りつぶすようにして指の間からひねり出し、全体がオートミール状になるまで、これを続けます。つなぎとしてバター・ミルクを加え、滑らかな生地を作ります。生地ができたら、すぐにそれを薄く粉を敷いた板の上に載せ、麺棒を軽くころがしながらこれをのばして、¼インチの厚さの丸い板にします。2インチの円形に型抜きをして、バターを塗ったベーキング・シートにのせ、適当な温度のオーブン（ガス目盛り4、中央より一段上。――ファニーのメモ）で、ほんの8～10分ほど焼きます。焼きあがったら手早く取り出し、両面にバターをたっぷり塗り、ホカホカのところを召しあがっていただけるようにナフキンにくるんで、ただちに食卓に運びます。

卵とトマトのラムキン

「お屋敷の旦那様」からおいしい朝食を作るという評判を頂戴いたしましたので、（この本に載せるためには）旦那様もホームズ様もお気に入りのお料理ばかりを選びました。中でも、ことのほかお二人のお気に召した卵とトマトのラムキンは私のリストの中でも上位を占めるものとして挙げておかなければなりません。

◆**材料**　小型の陶製のラムキン用焼型（ないしはスフレ型――ファニーのメモ）、6個。

焼型の内側に塗るバター。赤身のハムの小間切れ、4オンス。パセリのみじん切り、大匙山盛り2杯。卵、6個（普通サイズのもの――ファニーのメモ）。背肉のベーコンをごく薄く切って、6枚（5番カット――ファニーのメモ）。大き目の固いトマト、3個。胡椒。½インチの厚さに切り耳を取ったパン、3切れ。

♥**作り方**　焼型の内側にバターを塗ります。ハムを等分に分け、底に散らします。その上から等分に分けたパセリをかけ、そこに卵をひとつずつ割って入れます。薄く味付けをしてから、これを浅い鍋に入れ、焼型の半分の所まで来るように、鍋に熱湯を注ぎます。鍋ごとバター・ペーパー*で覆って、強火のオーブン（ガス目盛り6、中央より一段上――ファニーのメモ）に入れて下さい。白身がやっと固まる程度までポーチして下さい。ポーチしているあいだに、ベーコンの薄切りの皮をとり、油は敷かずにこの皮を下に敷くようにして、ベーコンがちぢれる程度、カリカリにまでならぬ程度に焼きます。つぎにトマトをまん中から二つに切ります。二つにしたトマトの皮に、よく切れる包丁で縦横に軽く切れ目を入れておけば、トマトが破裂しないですみます。ベーコンを焼いた油に、必要と思われるだけバターを加え、トマトの切り口を下にして、かまどの上面のあまり火の強すぎないところで焼きます。トマトを焼いているあいだに、パンをトーストし、それぞれを半分に切っておきます。パンの上に柔らかく焼きあがったトマトを、切口が上になるようにしてのせます。これに塩・胡椒で軽く味付けをします。包丁の先か大匙の先を使って、蒸し焼きにした卵を容器の縁から離しておき、これをトーストにのせたトマトの上に空けます。ちぢれたベーコンの薄切りをその上にのせてから、食卓に供します。

特製ケジャリー

お米の調理法についてのホームズ様の完璧なきまりについては、47ページで申し上げることになりますので、この項のお料理に直接進まれる前に、そこをご覧いただくのがよろしいかもしれません。

◆材料　パトナ産の米を調理して、½ポンド。固ゆで卵、4個。刻みたてのパセリ、デザート用スプーン山盛り4杯。塩。胡椒。鮭を蒸して皮をとり身をほぐしたもの、または燻製の鱈《フィナン・ハディー》、1ポンド。新鮮なバター、5オンス。

♥作り方　調理したお米を、水を切ってから、たっぷりしたボールに空け、そこにどちらかの魚とパセリを加えてから、燻製の鱈の場合には胡椒だけで、鮭の場合には塩・胡椒で味付けをします。固ゆで卵の殻をむき、白身と黄身を分け、別々にごく細かくきざみます。これにも塩・胡椒で味付けをして下さい。大きい鍋に熱湯を入れた中に小さい鍋を浮かせ、ここでバターをゆっくり溶かします。この時のために、このお料理にかかる前に、暖炉の脇棚《ホブ》にお湯がチンチン煮立っているようにしておいて下さい。ボールの中身を混ぜ合わせます。これをあらかじめ温めておいたお皿に移します。そうしたら、両手にフォークを持って、これを、中央の峰に向ってかなり勾配のついたきれいな屋根型につくり上げます。固ゆで卵の黄身を刻んだものを使って、ケジャリーの裾のまわりに細い縁どりをします。次に白身の方を使って黄身の外側に同じような縁どりをします。

こうなってみると、頭を残して殻をむいた小エビを18匹用意してみるのも面白いと思われてまいります。が、これをする前に、溶かしたバターをケジャリー全体にまんべんなく、ゆっくりかけます。最後にケジャリーの「背骨」に沿って、頭を立てるようにして小エビをあしらってから、食卓にお出ししますが、この時忘れてならないのは、小エビを触った指先を洗ってナフキンで拭けるように、ぬるま湯をフィンガー・ボールに入れてお出しすることです。

冷製鶏肉入りケジャリー

殿方にことのほか人気のあるこのお料理を作るには深謀遠慮を巡らす必要がございます。まず、前の日の朝食に「辛味をきかせた鶏の脚」（53ページ参照）をお出しするという配慮をしなければなりません。さらに、その際必要とわかっている分量以上を作って、ケジャリーに使うぶんをとっておけるようにしなければなりません。これに鶏レバー6つを加えれば、あとは45ページでお話しした「特製ケジャリー」の材料と作り方にそのまま従えば、クラブに出入りする殿方の一番のお好みのこの朝食用のお料理を作ることができます。ただ、魚だけは除いて下さい。この料理用には「私の辛味」(52ページ参照)がたっぷりついた鶏の脚を選ぶようにし、さらに、料理にとりかかる前に、鶏レバーをそれぞれ1オンスのバターと油で炒めておくようにして下さい。こうしておけば、あとはただレバーと鶏の脚の肉を刻んで(骨は鶏のお出しを入れたポットに入れ)、先に申し上げた方法で調理すればよろしいのです。

お米入りスクランブルド・エッグ

このおいしい食べ物について、ホームズ様はよくきっぱりとこう申されたものです。「これほど難しいものはない。スクランブルド・エッグが完璧に作れ、米をまともに調理できる料理人は500人にひとりもいやしない」ホームズ様はかまどの直火の上で沸騰している食塩水で11分半煮るのが、お米を調理するのにきっかりの時間だと決めておられました。ホームズ様の主張なさるには、澱粉の混ざった水を一滴残さず切るために、漉し器に勢いよく空けなければならないのです。「そのためには」とさらに付け加えられたものでございます。「非常に少量の米に対して非常に多量の水が必要なのだ」こうホームズ様は断言なさるのでしたが、もちろんそれはいつものことながらまったく正しいことなのでございます。

◆**材料**　卵、6個。香りがよく濃い新品の牛乳（原文のまま——ファニーのメモ）、大匙6杯。またはこれがない場合には薄い生クリーム大匙2杯と幾分質の悪い牛乳大匙2杯。味付け用の塩・胡椒。ごく小粒のエシャロット、2個。パセリのみじん切り、大匙山盛り1杯。バター、2オンス。オリーブ油、½液量オンス。調理したお米、大匙4杯。厚切りのバターつきトースト、2枚。

♥**作り方**　バター1オンスをオリーブ油と一緒に小さ目の厚手の鍋に入れ、熱を加えて溶かし合わせます。その間にエシャロットの皮をむき、みじん切りにします。お鍋がブツブツ言い出したら、まな板をこそげるようにして、そこにエシャロットを入れ、しんなりと黄金色になるまでゆっくり炒めます。そこに残りのバターを加えて下さい。卵に生クリーム、または生クリームと牛乳を加えて強くかき混ぜ、薄く味付けをしてから、鍋に移します。これをかき混ぜはじめるのですが、このかき混ぜ方は、何でもかき混ぜる時には木しゃもじを使うという一般法則の例外です。木しゃもじはきちんと卵を掻き立てるには角がまるすぎるので、金属製のスプーンを使わなければなりません。鍋の内側に沿って円を描くようにしたり、鍋を横切るようにしたりして、鍋の底をひっかくようにかき混ぜますが、一様な速さで休まずこれを続けていると、やがて、卵が小さい平らな塊になってスプーンに向って起きあがってくるようになります。こうなったらお米とパセリを入れ、再びひっかくようにかき混ぜますが、まだ少しゆるくて水っぽすぎると思われる頃、かき混ぜるのをやめます。ここがとても重要な点です。と申しますのも、温めておいたお皿に盛った場合も全く同じですが、かまどからおろしても、卵は鍋の余熱で固まっていくのです。ですから、スプーンですくって、½インチの厚さのバター付きトーストにのせる作業をしているあいだに、卵は少しもパサパサした感じのない滑らかで柔らかいものになっているでしょう。それこそ、スクランブルド・エッグが上手にできたことの証明なのです。このように仕上れば、スクランブルド・エッグは、例えば完璧な仕上りのオムレツといった最上等のお料理にも匹敵するのですから、時を移さず食卓にお出ししなければなりません。お出しする相手をお待たせするのは構いませんが、スクランブルド・エッグの方を待たせてはいけません。

大麦ビスケット

ホームズ様はいつも私のお作りする朝食を大変にお賞め下さいましたが、途方もない数の大麦ビスケットを平らげられる胃袋をお持ちでした。ことに、事件で一晩じゅう外出された翌朝などはそうでした。疲労困憊してしまわれるどころか、例の長い指をこすり合わせながら朝食のテーブルにやって来て、「こいつぁすごい、すごい」と叫ばれ、早速最初のひとつに手を伸ばされるのでした。ビスケットが焼きたてだとわかると、こう声をあげられるのです。「いやぁ、こうでなくっちゃ」それからビスケットを二つに割って、間にかなりの分量のバターを挟まれるのでした。

◆**材料**　中位の粒のオートミール、8オンス。ふるったふくらし粉入りの小麦粉、3オンス。重曹、コーヒースプーンすり切り1杯。純良ラード、3オンス。グラニュー糖、茶匙すり切り1杯。熱湯。

♥**作り方**　オートミール、粉、重曹をよく混ぜ合わせます。ラードを握りつぶして指の間からはみ出るようにし、これをオートミールと混ぜ合わせて、全体が細かい粒々になるようにします。ここへグラニュー糖をふるい入れ、やはりこれも握るようにしながら混ぜ合わせます。これに熱湯を少しずつ加えながら、食卓用ナイフを使って、だんだんにしっかりした生地に仕上げていきます。粉を少々、ふるいながらテーブルに敷きます。生地を3/4インチの厚さに麺棒でのばしてから、4インチ四方の正方形に切り抜きます。対角線を切ってこれを三角形にします。約15分間強めの中火（ガス目盛り6、中段――ファニーのメモ）で焼いて下さい。焼きあがったら、粉がついているといけないので、忘れずに裏をこすってから、手早くナフキンにくるんでバスケットに入れ、ただちに食卓に運びます。

辛味をきかせたチキン

コーヒーポットを部屋に運んでいるとき、ホームズ様が私の朝食について話していらっしゃるのを、たまたま耳にしたことがございます。「ハドスンさんの朝食のセンスはスコットランドの女性顔負けだな」こうおっしゃられたのでございます。お部屋に入りながら見てみると、ホームズ様はそう話しながら辛味をきかせたチキンにのぞき入っておられました。ところで、ひと口に辛味と申しましても色々ございますが、お二人の殿方がお好みになったのが、これから申し上げるものでございます。鶏の脚はディナーにお出しするには優雅とは申せませんが、こうすれば使い途があることを心に留めておいて下さい。鶏の脚は常に本体と一緒にローストし、食卓にお出しする前に切りとり、残りの本体は食べやすいように適当に切ってお出しします。私はいつも、特にふくよかでおいしく、形が似ているために「牡蠣」と呼ばれる二つの部分も別にとっておいたものです。これは鶏の骨盤にある牡蠣の形をした二つのくぼみの肉です。

私の辛味

◆材料　エシャロット（または小さめの玉葱）のみじん切り3～4個分。つぶしたにんにく、1かけ。ブーケ・ガルニ、1。良質のお出し、18液量オンス。塩。ひきたての黒胡椒、茶匙すり切り1杯。ウースター・ソース、数滴。カレー・ペースト、茶匙すり切り1杯。濃縮トマト・ピューレー、デザート用スプーンすり切り1杯。バター、1½オンス。小麦粉、1½オンス。

♥作り方　ブーケ・ガルニ、にんにく、エシャロット、胡椒、お出しを厚手の鍋に入れ、火にかけます。沸騰したら火を弱め、ぐつぐつと20分間そのままゆっくり煮立たせておきます。ブーケ・ガルニを取り除き、鍋の中身の分量を見て下さい。煮つめて濃くしたお出しでももとの分量に戻しておきます。別の鍋にバターを溶かし、ここに小麦粉をふり入れ、かきまぜて、滑らかな濃いペーストを作ります。そうしたら、徐々にスープを加えていきますが、スープを少し加えては木しゃもじでよく溶かすというふうにしていきます。最初にスープを加えたあとで、カレー・ペースト、トマト・ピューレー、ウースター・ソースを加えます。スープを全部入れたら、塩を加えて味を調え、タミー布（漉し器——ファニーのメモ）で漉してから使います。

辛味をきかせた鶏の脚

6本から8本の鶏の脚と6つから8つの「牡蠣肉」を卓上鍋に入れ、上からソースをかけます。これを5分間何度も裏返しながらぐつぐつ煮ます。お皿に盛り、パセリを軽くふりかけてから、食卓にお出しします。

木いちごの葉でくるんだ焼きガモン

何だか物足りないというときに召しあがるために、ホームズ様は朝食の時サイド・ボードの上にこのお料理を用意しておくのをお好みになられました。ホームズ様はきまって私の作り方を賞めて下さいましたが、お気の毒に、ワトスン先生はインドにおられたあいだにすっかり舌をいためてしまわれ、ひと切れ毎に大好物のチャツネを塗りたくり、微妙な風味を台なしにしてしまわれるのでございました。

◆材料　ガモン（生の豚肉の塩漬け）のコーナー・カット。冷水。清潔な干し草、ひと握り。香味用植物をモスリンの小切れに包んだもの。ふるった小麦粉、1½ポンド。乾燥させた木いちごの葉。

♥作り方　まず、ガモンを最低24時間清水に――田舎にお住まいの方なら清潔な雨水をお使い下さい――漬けて塩出しをします。塩辛いガモンほどまずいものはありません。これを取り出したら、蛇口の下で水を流しながらよく洗ってから冷水に浸し、ほんのひと握りの清潔な干し草をここに入れて下さい。ぴったりした蓋をして、できるだけ素早く沸騰させ、沸騰したらかまどの端によせてぐつぐつと煮ます。焼き串で刺して軽い抵抗を感じるぐらいになったら、これを水から上げ、まだ熱々のうちに皮をはいで下さい。そうしたら、すっかり冷えるまでさまします。

小麦粉に生地ぐらいの固さになるまで充分水を加えて、ペーストを作ります。これを粉を敷いた板の上で平らにのして――この時引っぱったり、引き裂いたりしてはいけません――ガモンをすっかりくるめるくらいの大きさにします。この中央に、ガモンの脂身の側の大きさに、たがいに重なり合うようにして乾かした木いちごの葉を並べ、その上にガモンの塊を載せます。ガモンの他の部分を木いちごで覆ってから、ペーストをそっと引き上げるようにして全体をくるみ、ペーストのへりをよく水で濡らして、たがいに貼り合わせます。全体をひっくり返して（脂身が上に来るようにし）、小麦粉を敷いたオーブン皿に載せ、高温のオーブン（ガス目盛り6、中段――ファニーのメモ）で45分間焼いて下さい。焼きあがると、固い、食べられない殻は簡単に剝がれ、木いちごの葉も一緒に取れてまいります。サイド・ボードに載せた時に切り易いように、ハム置き台にのせてお出しします。

スープ

ベーカー街風牡蠣のスープ

このスープをお出しして苦言を頂戴したことは一度もありません。私どもの殿方のお気に入りのスープでございました。湯気のでている深皿を目の前にお出ししますと、ご主人様は指を組み合わせるようにしてこすり合わせながら、きまって例のディケンズ氏のご本の登場人物、サム・ウェラー氏*(個人的には私はこの人物がどうしても好きになれませんでした)の言葉を借りて、こうおっしゃられたものでございます。「貧乏と牡蠣がいつもよく馬が合うらしいのは非常《しじょう》に面白いことですな」

深皿のスープが無くなって、お下げするために私が部屋に入ってまいりますと、ご主人様は今度はこうおっしゃられるのでございます。「上出来、上出来、ありがとうよ、ハドスンさん」そう言ってしばらく口をつぐみ、それからもう一度同じ人物の言葉を借りてこうおっしゃられるのでした。「トルコ人が間違った人間の首を切り落したときにいうせりふじゃないが、すんだことは仕方がない、そう考えれば気も安まるってわけですな」ワトスン先生がお腹をかかえてお笑いになる声を聞きながら、私は深皿をお下げするのでした。

◆材料　加熱用牡蠣、3ダース。卵黄、2個。濃い魚のお出し、2クオート。小麦粉、3オンス。バター、3オンス。濃い生クリーム、½パイント。漉したレモンの搾り汁、1個分。白胡椒。塩、少々。堅いビスケットを粗く砕いたもの、14枚分。

♥作り方　むき立ての牡蠣のエラを取り、牡蠣の汁は小さなボールに入れておきます。厚手の平鍋にバターを溶かし、小麦粉を入れてから、これを魚のお出しで徐々に薄めていきます。この時、お出しを加えるたびごとに必ずよくかき混ぜて下さい。お出しを全部入れたら、よくかき混ぜ、ひと煮立ちさせ、そのあとは、かまどの端によせて30分間ぐつぐつと穏やかに煮ます（ガスはできるだけ弱火にする——ファニーのメモ）。次に8液量オンスの生クリームを加え、もう一度沸騰させます。塩、胡椒、それにお好みによりナツメグをひとつまみ加え、お味を調えます。ここに卵黄を残りの生クリームと一緒にかき混ぜながらゆっくり加えますが、今度は沸騰させてはいけません。次にはねないように牡蠣を滑り込ませ、そこにレモンの搾り汁と牡蠣の汁をまぜ入れ、5分間おいてから、温めておいた深皿に盛り、食卓にお出しする直前に、砕いたビスケットを表面に浮かせます。

キクイモのスープ

ホームズ様には、「まさかの時」に救いの手を差しのべて差しあげたことで感謝しておられるかつての依頼人が沢山おありでした。そうした紳士のおひとりに、お嬢様と一緒にノーフォークに住んでおられ、年に2度――一度はロードクリケット場で行われるイートン校とハロー校の試合に、もう一度はトウィックナムで開かれる国際ラグビー試合のために、ロンドンにお出かけになって来られる方がありました。この方は、ロンドンにお着きになると、きまって、まず私どもの玄関の前に馬車をお止めになるのでした。するると、御者がご領地の畑やお庭で採れたお土産のどっさり入った籠を持って入って来るのでした。私が冬の間にキクイモを手に入れることができたのは、この方からだったのでございます。

◆材料　濃いホワイト・ソース、1½パイント。すりおろしたパルメザン・チーズ、3オンス。バター、1オンス。キクイモ、2ポンド。漉したレモンの搾り汁、1個分。同量の水。味付け用の塩・胡椒。薄い生クリーム、¼パイント。

♥作り方　まず、1½パイントの牛乳に対して1¾オンスの小麦粉と同じ割合のバターで、濃いホワイト・ソースを作ります。それから、分量のキクイモ全部を薄く皮をむき、厚目の輪切りにしながら浅い容器に入れます。それを平らに並べて下さい。レモンの搾り汁と水を混ぜ、この上からかけます。30分間そのままにしておいて下さい。時間が来たら、これを漉し器に空け、鍋底に水を張って静かに沸騰させた上にこの漉し器を置き、蓋をします。こうして、水に入れずにキクイモが軟らかくなるまで調理するのですが、軟らかくなってから崩れてぐちゃぐちゃになってしまうまでの間にほんの数秒しかないということを忘れないようにして下さい。軟らかくなったら、まだ熱いうちに、汚れていない漉し器を使って、これを濃いホワイト・ソースの中に漉し入れます。チーズを混ぜ入れてから弱火にかけ、チーズがすっかり溶けて、全体が滑らかになるまでよくかき混ぜます。先に味見をしてからお味を調え、バターを入れて、これが溶けたら最後に生クリームを加えて万事できあがりです。

栄養満点の鶏の臓物スープ

これは安あがりで栄養があり、まったく素晴らしいスープです。が、残念なことに、このスープはホームズ様とワトスン先生の間で諍いの種になりました。お医者様のワトスン先生は、私のお作りしたスープの基本をなしている中身に関して、少々あけすけに、しかも食卓で、ご自分のご意見をのべられたのです。あまりにはしたないので、その通りを私の口から申し上げるわけにはまいりませんが、先生のおっしゃられるのは、「一日中病院で、病状が進んで腐りはじめたような『人間の内臓』を相手にして来た挙句云々……」（引用中の語句の差し換えは筆者による）ということなのでございます。

◆**材料**　鶏の臓物、4羽分。「縞になっている」ベーコンの薄切り（へりを取ったもの）、4枚。バター、2オンス。大ぶりの人参、1本。テニス・ボールをつぶした形のごく小ぶりのかぶ、2個。大きいスペイン玉葱*、1個。小麦粉、2オンス。漉したレモンの搾り汁、1個分。非常に濃いお出し、2クオート。辛口のシェリー酒、シェリー鑑定用グラス1杯。残りもののブラウン・シェリー酒、鑑定用グラス½杯。味付け用の塩・胡椒。ブーケ・ガルニ。月桂樹の葉を千切ったもの、1枚分。メース、1片。オリーブ油、1液量オンス。

♥**作り方**　厚手の鍋に1オンスのバターをオリーブ油と一緒に溶かします。この両方がブツブツと言っているところへ、鶏の臓物を空けて、表面がよく固まるまで、じゅうじゅうと炒めます。次にこれをいったん空けて脇に置いておき、賽の目に刻んだベーコンを炒め、これも空けて脇に置いておきます。次に野菜を刻んで、デザート用スプーン1杯のバターに、もし必要であればデザート用スプーン1杯のオリーブ油を加えて炒めます。しばらくそのままにしておきます。小麦粉をふりかけてから、さらに木しゃもじを使って炒め続けますが、粉っぽい味をすっかり消すために3分間はかき混ぜながら炒め続けて下さい。さもないと、このあといくら長時間調理しても粉っぽい味が消えません。さて次に、さきほどの賽の目に切ったベーコンと鶏の臓物を鍋に戻し、お出しを徐々に加えてから、ブーケ・ガルニとスパイスを加えて、ゆっくり沸騰させます。1時間半ないしは鶏の臓物が軟らかくなるまでコトコト煮込んで下さい。そうしましたら、鶏の臓物をすくい出します。首の骨はどけてしまい、あとの臓物を小さく賽の目に刻みます。これを温めた深皿に入れて下さい。塩・胡椒でお味を調え、レモンの搾り汁を加え、シェリー酒を混ぜ入れ、月桂樹の葉、メース、ブーケ・ガルニの束を取り除いて下さい。深皿に臓物を入れた上からこれを注ぎ、よくかき混ぜてから食卓にお出しして下さい。

カレー味付けの羊のスープ《マリガトーニー・スープ》＊

このスープの場合もまた面倒に巻きこまれました。と申しますのも、ホームズ様はこの英領インド生まれのスープを軽蔑して見向きもなさらなかったのですが、ワトスン先生は断固としてこのスープに執着なさったからです。そこで私はこのスープをお出しするのはこのやさしいお医者様がお夕食を召しあがることが確実な時のためにとっておき、私の気むずかし屋のご主人様には別のスープをお出しいたしました。

◆材料　羊の首肉、1ポンド。酸味の強い小さめのリンゴ、1個。大きいスペイン玉葱、1個。テニス・ボール大のかぶ、1個（きれいに皮をむいておく）。よく洗って、不要の部分を除いた洋葱《リーク》で根元の部分が直径1インチより大きくないもの、1本。バター、1オンス。オリーブ油、1液量オンス。小麦粉、1オンス。ヴェンカタチェラム社のカレー粉、デザート用スプーンすり切り2杯。「パンジャブ印」のインド製カレー・ペースト、茶匙½杯。レモン汁、1搾り。調理したお米、2オンス（47ページをご参照下さい）。羊のお出し、3パイント。塩。

♥作り方　羊の首肉はできるだけ脂を取り除いておきます。これを形をそろえて小さく切ります。リンゴと野菜の不要の部分を除き、薄く切ります。バターをオリーブ油と一緒に溶かし、ブツブツ言いはじめたら、リンゴと野菜をここに入れ、かき混ぜながら強火で炒めます。4分経ったら、まずカレー粉とカレー・ペーストを加え、次に小麦粉を加え、最後にお出しと小さく切った肉を入れます。穏やかに煮立たせ、丹念に、残さずあくをすくい取ります。1時間半ぐつぐつと煮込んで下さい。時間が来たら火からおろします。ここで使い古しの薄葉紙を少々用意して下さい。しわを伸ばしてから、これを煮立つのが止んだスープの表面を撫でるように伝わらせます。こうして辛抱強く脂の浮いたのを取り除くのです。取り終わったら骨を取り出しますが、骨に付いた肉片はすっかりこそげ落してスープに戻しておきます。そうしたら全体を、中位の目の裏ごしにかけます。味見をしてから、塩・胡椒でお味を調えて下さい。調理したお米はそのまま小さな添え皿に盛り、テーブルを廻して銘々がスプーン1杯ずつ取り、スープに混ぜていただくようにいたします。

ヨークハム*のお出しを使った食欲を増すスープ

ホームズ様が「悲しい悪徳」にながながと耽られたあと、最難関に挑まれているとき、私はきまって、バイオリンをおいてこのスープを一杯召しあがるようにお勧めしたものでございます。このスープの力でホームズ様は元気を回復され、いつものように——しばらくの間は——おなりになるのでした。

◆材料　玉葱、1ポンド。人参、1ポンド。洋葱《リーク》の青い部分も入れて、1ポンド。若かぶの葉、½ポンド。ヨークハムのお出し、2クオート。シェリー酒または辛口のマデイラ・ワイン、½パイント。塩。皮をむいてつぶしたにんにく、2かけ。濃い生クリーム、¼パイント。ヨークハムの厚切り、1枚。黒胡椒。

♥作り方　皮をむいた玉葱を薄切りにしてから細かく刻みます。洋葱《リーク》は不要の部分を捨て、水洗いしてから、ごく薄い輪切りにします。人参とかぶの葉は、泥をこすり落し水洗いをしてから、賽の目に刻みます。野菜、お出し、調味料をだし取り用のポットまたはジャム用鍋に入れて強火で沸騰させて下さい。沸騰したら火を弱め、表面に浮いてきた不純物をすくい取ってから、新たにコップ1杯の冷たいハムのお出しを加えて下さい。こうしてから、2時間グツグツと煮込みます。時間が来たら、これを裏ごしにかけて鍋に戻します。お好みに合わせて胡椒を加え、シェリー酒、生クリームをこの順で混ぜ入れてから、丹念にかき混ぜながらスープが沸騰するのを待ちます。沸騰したら細かく刻んだハムを入れ、かき混ぜてから、よく温めたスープ皿にいれ、カリカリに焼いたパンを添え皿にのせてお出しします。

ビールのスープ

これはお二人の紳士のお気に入りのスープで、このスープに添えてアンチョビー・トーストをいつもご所望になったものでした。

◆材料　バター、2オンス。小麦粉、2オンス。残りものの麦酒《エール》、3パイント。白ラム酒、1½液量オンス。甘辛中間《ミディアム》のシェリー酒、1½液量オンス。根生姜、ひとかけ（軽くつぶして）。棒シナモン、1インチ。柔らかな黒い粗糖、1½オンス。薄くむいたレモンの皮、半個分。よく泡立てた卵黄、6個分。固く泡立てた卵白、5個分。

♥作り方　バターをシチュー鍋に入れてゆっくり溶かします。そこに小麦粉を振り入れ、よくかき混ぜながら中火で5分間炒めます。ここにビールを少しずつ加えますが、この時、少し加えてはよくかき混ぜるという風にして下さい。ビールを全部入れたら、鍋をかまどの端に寄せ、30分間そのままにしておきます。こうしている間に一方で小鍋にラム酒、シェリー酒、砂糖、シナモン、生姜、レモンの皮を入れます。味と香りを引き出すために、これに蓋をしてかまどの端にかけます。よく泡立てた卵黄を少しの間泡立て直し、その上からスープを注ぎ、火にかけて泡立て続けますが、この時、火が強すぎますと卵が固まって何もかも台なしになってしまいますから火は必ず弱火にして下さい。ここに小鍋に煮出した汁を漉しながら加え、最後に固く泡立てた卵白を泡立てながら加えます。温めた深皿に入れ、別にアンチョビー・トーストを添えます。

鰻のスープ

ホームズ様がキャルバリーとかいう方からの少々品の悪い引用をなさり、例のすてきなお医者様がお腹をかかえてお笑いになるのをたびたび耳にしたことがございます。それはジェーン夫人という方とそのお小姓のお話で、この夫人は、そのお育ちからいえばもっと分別があってもよさそうなものを、御主人のサー・ジョンが自分よりずっと年上であるからというので、悪趣味にもこのお小姓とけがらわしく懇ろな関係になられたのです。ある時、サー・ジョンが行方不明になられます。八方手をつくして捜した挙句、結局鰻の生簀にうつ伏せに倒れているのが見つかったのでございます。ひとりの下僕がこの悲しい報せを持って夫人の所にまいりますと、何と夫人はご自分の居間に例の若者をひき入れている最中でございました。正確な言葉は憶えておりませんが、夫人は下僕に向って、鰻だけ取ってご主人の遺体をもう一度もとの所に戻しておくように叫んでからこう申されたのです。「そうすれば、私達二人のために（！）もっと鰻をつかまえてくださるだろうからね」この話を聞いて私はすっかり鰻のスープに嫌気がさしましたが、お二人はこのお話について冗談を言いながらも、このスープをたいそうお好みになられたのです。

◆材料　2½インチずつ胴に食い込んで切り落とした鰻の尾と頭。私の特製魚のお出し、3クオート。新鮮で香りの良いバター、4オンス。洋葱《リーク》（不要部分を除いて洗ったもの）、1本。ごく小さいマリゴールドの葉と花、5本分。莢から出した新えんどう豆、

½パイント。パセリの茎6本とパセリの葉のみじん切り紅茶茶碗半杯。タイムを小さく束ねたもの。ふるった小麦粉、大匙山盛り2杯。牛乳、1パイント。塩・胡椒。

♥**作り方**　分量のお出しの中にパセリの茎を入れ、その中に鰻の尾と頭を入れて、かまどの端で2時間ないしは鰻の肉がホロホロと骨から剝がれるまでグツグツと煮ます。そうなったらこれを漉します。この時、私はいつも陶製の漉し器を使います。鍋を丹念に拭いて、そこに煮汁を戻します。これにバター、薄切りにした洋葱《リーク》、モスリンの小切れに包んだタイム、それにえんどう豆とマリゴールドの葉を細かく刻んで入れて下さい。そうしたら蓋をして、洋葱《リーク》がすっかり軟らかくなるまで煮ます。タイムを捨て、小麦粉に冷たいままの牛乳を加えてペーストを作り、残りの牛乳の中にマリゴールドの花弁を入れて沸騰させ、これを漉して下さい。この漉した牛乳を小麦粉のペーストにかき混ぜながら加えます。このペーストをこそげるようにして鍋に戻します。充分に濃度がつくまでかき混ぜ、そこにさきほどのスープを少し加えては、全体が滑らかになるまでよくかき混ぜながら、徐々に牛乳を全部スープに溶けこませます。紅茶茶碗半杯のパセリを混ぜ入れてから、塩と胡椒でお味を調えます。温めた深皿の底にトーストを4切れ敷き、この上からスープを注ぎ、食卓にお出しします。

病人用のビーフ・ゼリー

漬物を漬ける時のような壜、または壺をご用意下さい。赤身の牛肉をごく薄くそぎ切りにし、壜に一杯になるまで詰めます。牛肉は2ポンドかそこら必要でしょう。塩、茶匙1杯――それ以上はいけません――をここに入れ、すぐにバター・モスリンを厚く折り畳んだものをかぶせ、これを壜の首のところでしっかり結わえて下さい。大鍋に水を半分ほど入れ、小さな木切れを底にあててその上に壜をのせます。ゆっくりと沸騰させ、沸騰したら鍋をかまどの端に寄せ、8時間そのままにしておきます。さて、時間が来ましたら、ごく目の細かい網にバター・モスリンを折って敷き、ボールに載せます。ビンの中身をモスリンの上に空け、最後の一滴がボールの中に落ちるまで時間をかけて漉して下さい。ボールを冷たい石の板の上におき、固まってゼリーになるまでそのままにしておきます。茶匙で少しずつ、倹約して病人にお与え下さい。絶対に水は一滴も加えないようにお願いします。

魚料理

魚について

魚の扱いに私ほど慣れていらっしゃらない方のために、魚について気づいたことを二、三まとめてみました。海水魚にせよ淡水魚にせよ、あるいはまた甲殻類にせよ、良い料理人が何よりもまず注意しなければならないのは鮮度です。

魚をお求めになるときは、鱗《うろこ》にしまりがなく、鰓《えら》は張りを失い、目は濁っている、といった生気のない姿の魚は、一顧だにする価値がないということを心に銘記しておかなければなりません。鮮度の良い魚なら魚屋の大理石の板の上で必ずキラキラと輝くような姿をしていることでしょう。鱗は輝き、目は明るく澄み、ヒレは硬くピンと張っているにちがいありません。そういう時なら、そしてそういう時だけ、魚をお求めになることです。

これからご紹介する中に、必ず生きているものをお求めいただかなければならない魚がいくつかございます。この中に入るのは、鰻（ゼリーにしてもフランス風に調理しても、ホームズ様の大好物でございました）、蟹、伊勢海老、ムール貝、タマキビ貝、バイ貝でございます。

こうした生きたまま買う魚介類をお選びいただく場合のご参考に、私の気づきましたことで、百発百中外れのないことをいくつかご紹介いたしましょう。

蟹について　いつも雄の蟹を選んでお求めになるのが賢明でしょう。これはある個所に卵が固まってついていないことからすぐに見分けられます。調理するためにお湯の中に入れたとき、雄の蟹ですと調理の間じゅう脚がついたままになっているのですが、雌の蟹は脚を切り離してしまい、そのために奥の海綿状の部分を通してお湯がしみ込み、香りがすっかり損われてしまうのです。

伊勢海老について　ここでは全く正反対のことが申し上げられます。必ず雌の海老を選び、雄は無視して下さい。簡単至極なことですから、魚屋さんに必要な重さを言い、店にある伊勢海老を、尾を下に丸め込み背をこちらに向けて、店先の石板に並べてみせてくれるようにたのむことです。こうすれば、雌は背が幅広で丸味を帯びているのに対して、雄はずっと幅が狭く明らかに尖っていることがすぐにわかるでしょう。こうして最上のものが選べると言うわけです。雌の伊勢海老には、色が似ているので「さんご」と呼ばれる貴重な卵の塊が入っています。これはこの甲殻類のソースの味付けには欠かせないものです。

何かの理由で、調理したいと思う時より24時間以前に伊勢海老をお買いになりたい場合には、必ず新聞紙を1枚冷水にひたして充分に水を吸わせ、これで海老を1匹ずつ——頭と尾は残して！——くるみます。これを輪ゴムか撚り糸で留めて、必要な時まで冷蔵箱(3)に入れておきます。こうしておけば伊勢海老を生かし続けることができ、また、殻の接ぎ目から湿気を吸いこむので、海老が自分の体内の「乳液」を消耗して干からびてしまうのを防ぐことができます。干からびた伊勢海老というのはお料理の材料としてはいただけないものでございます。

ムール貝について　ごく単純ですが大変効果的な方法でこの貝を太らせ、かつ自浄作用をさせることができます。必ず必要な24時間前に手に入るように注文するということを絶対破らぬ習慣として下さい。まず、汚れたままのムール貝をザクザクとバケツに空けます。それから10パイントの貝に対して1ポンドの粗いオートミールを手でふりかけます。バケツを手に持ってよく振ってから、箒を入れる戸棚の蔭などの程よい暗がりに置いて下さい。暗がりに閉ざされるやいなや、ムール貝は口を開き、オートミールを勢いよく食べはじめます。足糸を取り殻をゴシゴシと洗ってから水を張った桶にあけますと、貝はすっかり汚れを吐き出し、その結果明るい色になり、またこれだけの時間集中的に餌を食べたために、かなり大きくなっていることが——料理してみると——おわかりになることでしょう。

タマキビ貝について　こんなくだらぬ食べ物をと思われるかもしれません。そこで思い出していただかなくてはならないのは、ホームズ様はその「驚くべき捜査」に際して沢山の「下層の人々」を私の調理場に連れて来られる癖がおありだったということでございます。大ジョッキ一杯の濃くて香りのよいインド産の紅茶、大皿一杯の皮の硬いバター付きパン、それにボール一杯のタマキビ貝を銘々に盛って差しあげるのが、上品なアフタヌーン・ティーのお献立よりもこうした方々の好みにはるかに合っていたのです。私のように特別このお料理を準備する必要に迫られることがない方々の場合でも、例えば新しいお宅にお引越しなさる場合など、運送屋さんなどは、こうしたお食事を出してあげれば、いっそう気分良く、力を出して働いてくれるものでございます。

この貝のお料理にただひとつ必要なのは（食物に混ざってしまう恐れがないように、よく目立つ色つきの頭のついたピンを何本か用意するのを別にすれば）、海水または塩水を用意することとです。海水がない場合には、いったん、1パイントの冷水に卵が浮く位に充分岩塩を入れてから、そこへさらに1パイントの水を加えて薄めれば、必要な塩水ができあがります。海水または塩水を沸騰させ、そこにタマキビ貝を漬け、強火で10分間茹で、水を切ってから冷ましてお出しすればよろしいのです。単純なだけに鮮度が大切なわけで、生きたままお求めになる必要があるということになります。

では、次に色々な調理法をお話しすることになります。

アグネス・バーサ・マーシャル夫人が「良質の魚は決して茹でてはいけない」とおっ

しゃるのをかつて耳にしたことがございます。マーシャル夫人は、私がまだほんの小娘の頃お屋敷の料理番が教えてくれた料理法を生徒さんに教えて居られます。料理番はカート・ブリオンと呼んでおりましたが、彼女の言うとおり綴ってみますと、それはクール・ブイヨンでございました。

ホームズ様直伝の鱒の水煮《トリユイト・オ・ブルー》

ある日私はホームズ様からお料理のレッスンを受けました。ホームズ様は今しがたスコットランドからの夜行列車を降りられたばかりで、朝食の食卓にお着きになる前に、手を洗っていらっしゃるところでした。「あの子」をお呼びになり、こうおっしゃいました。「この包みをハドスンさんの所に持って行って、私もすぐ行くからと伝えてくれ」

その包みは靭皮《じんぴ》（ライムの木の内皮）で結わえてありました。草で包んであり、その中にはスコットランドで捕れたに違いない素晴らしい鱒が何尾も入っておりました。おっしゃったとおりに、ホームズ様は私の調理場に降りて来られ、ホームズ様言うところの「トラウト・オゥ・ブラー」なるお料理の作り方を私に伝授して下さいました。しかし、この時もまた私が外国語を聞き間違えていたのでございます。と申しますのも、いつもの習慣通りに私がメモを取り、「オゥ・ブラー」の綴りを伺ってみますと、悔しいことにそれは「オ・ブルー」だということがわかったのでございます。「トリュイト・オ・ブルーはフランス料理のうちでも最も美味なもののひとつであって」とホームズ様はご講義下さいました。「自然のまま、つまり凝ったソースで仕上げたりせずに、純良最上のバターだけを添えて出されるものなのだ。バターはできればジロンド産のものが良い。私の意見ではこれはいわゆるノルマンジーものに優っていると思われるからね」

作り方は簡単なものでした。ご主人様は私がまだ朝食をすませていないのを確かめると、私にもひとつ食べてみるようにと強くお勧め下さいました。何ともおいしいものでございました。それで私のレパートリーに新しい外国のお料理が加わることになったのでございます。

◆**材料**　水、2クオート。白のワイン・ビネガー、少な目の¼パイント。粒胡椒、¼オンス。生の人参のみじん切り、5オンス。生の玉葱のみじん切り、7オンス。パセリの茎、1オンス。（できれば黒っぽい）あら塩、¾オンス。月桂樹の葉、1枚。タイムの小枝、1本。

♥**作り方**　水、塩、ビネガー、人参、玉葱を、パセリ、月桂樹の葉、タイムを束ねたものと一緒に鍋に入れます。これを沸騰させて、あくを丹念に除いて50分間ぐつぐつと煮てから、粒胡椒をモスリンの小切れにくるんでここに入れ、さらに20分間蒸煮にします。これをよく漉して、川鱒を調理する時に使うためにとっておきます。川鱒ははらわたは抜いても構いませんが、頭は決して切り落してはいけません。と申しますのも鰓の奥に「真珠」と言って牡蠣の形をした小さな白身の肉があり、これは食通の方々から大へんな美味として珍重されているものだからです。ホームズ様は空想的な気分になられると、例の長い先細りの指で鱒をむしりながら、よく大声でこうおっしゃられたものです。「ねえ、ワトスン君。そのうちに鱒がしこたま捕れるようになって、ローマ人が、そのローマ帝国の最盛期にやったみたいに、われわれも『真珠』だけを食べるようになるだろうねえ」ワトスン先生はお皿から顔を上げて、いつもの現実的な調子でこう申されるのでした。「魚自体の方はどうなったのかな」そこでホームズ様が、魚自体は奴隷に投げてやったのだとお話しになると、ワトスン先生は四尾目の鱒に手を伸ばしながら、ぶつぶつと「だから、ローマ人て奴は虫が好かないんだ」とおっしゃられ、それで会話が終りになるのでございました。けれども、先ほどお話しした朝の場合には、ホームズ様はさらに先を続けて、こう教えて下さいました。「この料理の完璧な作り方は、まず鱒を捕えたら、石で打って気絶させ、はらわたを抜いてから水洗いし、『クール・ブイヨン』の中にほんの少しの間くぐらせるのだ。鱒を入れる出し汁は完全に沸騰していなければならない[4]。そして、ハドスンさん、君のこの深さ5インチの卓上用鍋はうってつけだ。おそらく、きのうの日暮れに捕れたこの鱒も上首尾にできあがると思うね」

そうおっしゃると、ご主人様は鱒を出し汁に滑りこませ、そのまま立って一杯になった鍋を見おろしておられました。「ほら見てごらん」とご主人様は私を促されました。「皮がたちまち縮んで、四方八方に裂けていくだろう。鱒をナフキンに盛って、それに、溶かしたバターを舟形ソース容れに一杯、蒸した新ジャガイモひと鉢とレモンの厚切りを一緒に出してくれたまえ。もし、今新ジャガがなければ、薄切りのバター付き黒パンをくれたまえ」それだけおっしゃるともう調理場から出て行かれ、ワトスン先生に向って、緊急の約束に間に合わないから、さっさと朝食を片づけなければならない、と声をかけておられるのでした。こんなことからも、ご主人様の性格の一端がおわかりいただけるかと存じます。何にでも興味をお持ちになるので、長年の間にはあらゆることについて沢山のことをご存じだということが私のような者にもわかってまいるのでございました。

魚市場に働いている人を何人か知り合いに持っている、ビリングズゲートに住む私の友人の所に行くたびに、忘れずに私はホームズ様のために、(そしてたいていワトスン先生のためにも)お魚を買って帰る習慣にしておりました。お二人とも特に舌平目のバター焼をお好みでしたので、このお料理のためには、私はいつもレモン・ソールを買い求めましたし、例のすてきなお医者様の大好物の魚のチャウダーのためには、いつも深海鱈《ヘイク》を探して買ったものです。

特製小海老の壜詰

この壜詰を作っておく大きな利点は、私どもの家ではいつも考えに入れておかなければならない事だったのですが、不意のお客様がお見えの時にも、間違いなく、熱いトーストを添えたおいしい添え皿料理を召しあがっていただける、ということです。同時に料理人自身にしても、手に入る魚が鮭であれ紅鱒、かれい《ターボット》の片身、海鱒、鯖、おひょうのステーキ、真鱈《コッド》、深海鱈《ヘイク》、といった何であれ、上等の魚用のソースを作る手段をいつも手近かに持っていることになります。これらの魚は一様にみな上等の小海老のソースや詰め物がよく合うのです。

◆材料　むしった（殻をむいた――ファニーのメモ）小海老、４ポンド（赤い海老でも褐色のものでもこの方法でお使いになれます）。新鮮で香りのよいバター、1¾ポンド。挽き立ての黒胡椒、茶匙すり切り１杯。乾燥させたメースの小片、４。乾燥させた月桂樹の葉、２枚（細かくちぎって）。

♥作り方　有名なクーパー社のオックスフォード・ママレードが入っているような２ポ

ンドの石の壺を2つ用意します。次にエナメル張りのお鍋（どうぞホーローのものをお使い下さい――ファニーのメモ）にバター1ポンドを入れて、かまどの一番へりにのせ、バターがごくごくゆっくりと溶けるようにして下さい。溶けはじめたら、胡椒、メース、月桂樹の葉を加え、15分間香りを出して下さい。時間が来たら準備した小海老をすべて入れ、よくかき混ぜて、香りがむらなく廻るようにして下さい。これを壺に入れますが、この時小海老を全部入れてしまって、上の方の小海老を軽く木しゃもじで押して沈めるようにしても、バターが¼インチかぶらない時には、その分量までバターを加えて下さい。羊皮紙でしっかり蓋をして、食料貯蔵室の一番冷たい隅に置いて下さい。こうすれば少なくとも冬で5日、夏でも4日はもつでしょうし、周囲に充分氷の張りつめた貯蔵用の洞穴ならば、もっとずっと何日も新鮮なよい香りを保つことでしょう。

★ファニー・クラドックからのご注意　現代の冷凍庫だと、6カ月たつと香りが失せはじめます！――以上。

小いわし《スプラット》について

これは私がお二人のご朝食に魚のコースとしてお出しすることにしていたものでございます。小いわしをまともに食べられるようにするにはああしろこうしろと馬鹿げたことがあまりにもたくさん言われ、また筆にもされておりますので、抗議の意味をこめて、そのために必要な唯一無二のことを申し上げます。普通のベーキング・シートの上に、はじめの一匹は頭を上に次は尾を上にという風にぴったりと紙に一杯になるまで並べて下さい。これを中火のオーブンに15分間入れます。そうしたら、これをドイリーを敷いたお皿に移し、そこにパセリの葉を少々とレモン幾切れかをあしらって仕上げるのです。薄切りのバター付き黒パンか、熱い黒パンのロールをナフキンにくるみバターを添えてお出し下さい。

鯖にグースベリー・ソースを添えて

お客様をおもてなしするのではない時は――鯖は正式のお食事には出せません――私はよくこのお料理をお二人にお出ししました。ホームズ様はよくこうおっしゃったものでした。「悪食な魚だが、香りは極上だ」そうするとワトスン先生はきまってこうお答えになるのでした。「神の創りたまいし生物の習性に疑いをはさむのはやめて、ただ感謝しようではないか、というのが私の意見だね」

◆材料　私のグースベリー・ソース。12～14オンスの鯖。粗いオートミール、1オンス。

ラード、2オンス。味付けに塩・胡椒を少々。
♥作り方　鯖は尾と頭をとり、胴は切らずにそのまま洗います。上質の鉄製フライパンにラードを入れて中火にかけておき、一方で濡れた魚にオートミールをまぶします。シューシューいっているラードの中に魚をすべり込ませて揚げますが、中まで火が通らないうちに外側が焦げすぎてしまうことのないように、火を少し弱めて下さい。ドイリーを敷いた大皿に盛り、別に私のグースベリー・ソースを添えてお出しします。

グースベリー・ソースの作りかた

◆材料　グリーン・グースベリー、1ポンド（小さな鋏で萼《がく》や茎はきれいに取っておく）。冷水、少々。ナツメグをすりおろしたもの、たっぷり。新鮮なバター、1½オンス。お好みに合わせてバルバドス産の砂糖少々。
♥作り方　準備したグースベリーを中位の大きさのお鍋に入れます。グースベリーがやっと隠れる程度に水を入れて火にかけ、沸騰したら火を弱めてコトコト煮ます。すっかり木の実の形がなくなるまでそうしておいて下さい。タミー布（漉し器――ファニーのメモ）にかけて漉し、お鍋をよく拭ってから、果肉をそこに戻します。ナツメグ、バター、それに砂糖を少々加えますが、この実本来の酸味はソースの際立った特徴となるものですから、それが消えてしまうほど砂糖を加えてはいけません。ソースを舟形ソース容れに入れ、揚げた鯖に添えてお出しします。

かれい《ターボット》の伊勢海老ソース添え

王様が召しあがるに相応しいお料理であるというばかりでなく、実際に王様の食膳に供されたこともございます――もちろん私のお作りしたものです。(好奇心をそそられた方は241ページをご覧下さい。)

◆**材料**　重さ4ポンドのかれい《ターボット》、丸ごと1尾(洗ってある他はいじりまわされていないもの)。シャンペンのクオーター壜、1本。魚のお出し、½パイント。1ポンドの雌の伊勢海老。オランダ・ソース、½パイント。パイ生地を三日月形に型抜きして焼いたもの、12個。濃い生クリーム、1パイント。

♥**作り方**　大きな浅いお皿にバターを塗り、かれい《ターボット》の皮を注意深く剥いでから、四枚におろします。あらは、頭、尾、というふうに分けてから小さく切り、舌平目のあらの代りにこれを使って魚のお出しを取ります。20分間煮たら、お出しを漉して、きれいなお鍋に入れ、正確に½パイントになるまで煮詰めます。4枚の片身は一人前が同じ数になるように切り、バターを塗ったオーブン皿の上にならべ、その上から魚のお出しとシャンペンを注ぎます。保護する目的で羊皮紙（アルミのキッチン・ホイル――ファニーのメモ）を1枚上からかぶせてから中火のオーブン（ガス目盛り4、中段――ファニーのメモ）に入れて20分間調理します。20分経った後も、それ以上調理が進まない程度にオーブンを温めておきます。生クリームを厚手のお鍋に入れ、薄黄色になってかなり濃度がつくまで、ごくゆっくりと煮詰めます。百戦錬磨の料理人といたしましては、ここで一言ご忠告申し上げることをお許しいただきたく存じます。このお料理はある厳しい制限の中で調理しなければならないお料理なのです。と申しますのも、オランダ・ソースは、いったんお料理にかけたらすぐに食卓に運ばねばならず、さもないと溶けて分離し、お料理はすっかり台なしになってしまうのです。かれい《ターボット》のオーブン皿からお出しを抜きますが、かれい《ターボット》の方は相変らず温めておきます。抜いたお出しは別の小さな厚手のお鍋に入れ、ほんの5液量オンスになるまで煮詰めます。できあがったオランダ・ソースは手許に用意しておいて下さい。熱い魚の切り身を取り出して、温めておいたお皿の上に形よく並べ、すぐに覆いをかけてから、再び温めておきます。金褐色の三日月型のパイ皮と伊勢海老もいつでも使えるようにしておいて下さい。まず伊勢海老の卵を取り出し、それを細かくつぶしてから、ぐつぐつと煮立っている生クリームの中に混ぜ入れます。次に伊勢海老を中央に沿って切りおろしますが、このとき、殻の背の部分が裂けたりつぶれたりしないように、尾は下にまるめ込んでおきます。次に身をそっくり取り出して、これを小さな薄切り、つまり厚さ¼インチの輪切りにします。これを小さな容器に入れてかれい《ターボット》と一緒に温めておきます。さて今度は伊勢海老のハサミの殻をすっかり割って身を取り出し、これを輪切りにした身を入れた容器に加えますが、これはお料理をお出しする直前にてっぺんに載せるのです。オランダ・ソースはできあがってからずっと室温に保っておいてよいということも忘れないで下さい。生クリームが黄色くどろりとなり、シャンペンの入ったお出しがすっかり煮詰まり、伊勢海老の支度ができたら、焦らずしかも手早く、全精神を集中して次に進みます。まず、お出しを卵の入った生クリームの中にかき混ぜながら入れます。これを再び充分濃度がつくまでブクブクと煮詰め、そこにグレイビー用のひしゃく4杯のオランダ・ソースを手早く入れ、すぐさま火から下します。冷めないように覆いをしておいて下さい。次に魚を取り出します。輪切りにした伊勢海老の身をそれぞれのお魚の上にならべます。全体にできあがったソースをかけ、外側に三日月をあしらい、てっぺんに海老のハサミの身を載せて、素早く食卓にお出しします。

カルカッタ・ジャンブル

名前からお察しかと思いますが、これはインドのお料理です。ワトスン先生がお台所にいる私の所にお見えになって、教えて下さったものです。入ってもいいかいとお尋ねになったので、私がどうぞとお答えすると、先生はご自分でお書きになったカルカッタ・ジャンブルの作り方を私に向って差し出しながら入って来られ、こうおっしゃいました。「ハドスンさん、次に機会があったら、これを弁当にしてもらえませんか。もう一度これを食べたいと長いこと思っていたんですよ」

◆材料　10オンスの舌平目の片身、4枚。大きな生卵の黄身、2個。壜詰のアンチョビー・ピューレー、大匙1杯。カレー粉を小匙に軽く山盛り1杯に本物のカレー・ペーストを卵用スプーンの先にほんの少々。唐辛子ひと振り。塩、少々。青唐辛子を細かく刻んで、1個。最上等のパトナ産のお米、½ポンド（調理法については47ページをご覧下さい）。

♥作り方　お米を調理し終わって水を切ったら、舌平目を除いてほかの材料を全部、ひとつずつ、手早くしかも完全にかき混ぜながら入れます。全部をかき混ぜたら、アントレー用のお皿に高く山盛りに盛りつけ、とろ火のオーブンで温めておきながら、その間に舌平目を少量のバターで焼きます。舌平目を焼く際には、身がしっかり締まったらもう焼けていて、それ以上焼いても固くなるだけだということを忘れないで下さい。調理し終わった片身をそれぞれ半分に切り、お皿に盛った山の腹に押しつけてお出しします。ホームズ様が最初にこのお料理を口にした時おっしゃったことは「野蛮な味だね君、完全なる味覚の破滅だ」でございました。

シラスの上手な揚げかた

ホームズ様が箱を小脇に抱え、例の有名なアルスター外套でくるむようにして入っていらっしゃった折りのことをよく覚えております。ある事件でヘイスティングズに旅行され、首尾よく一件落着したので、お土産に海から捕れたてのシラスを1箱いただいたのでした。汽車の中では、魚の入った箱を網棚にのせ、それが「非常に強い臭い」がすることも忘れて、ある問題について考えに耽っておられたので、馬車をおりたとたんに、ついうっかり、その箱を脇に抱えてしまわれたのです。例のアルスター外套も上衣もワイシャツも干さなければとても着られない有様でしたが、それについては何も申し上げますまい。でも、ご主人様はいつもそんな風でいらしたのです。そんな下らない事柄には頓着しない天才でいらしたのです。それはともかく、私が箱をこじ開けてみますと中からこの銀色に光る小さな品物が出てきたのですが、ホームズ様はその料理法について、明快この上ない指示を私に与えて下さいました。

◆**材料**　新鮮なシラス、1ポンド。純粋なオリーブ油、1クォート（深い鍋に入れてその中に揚げ物用の網を入れておく）。塩。胡椒。ふるった小麦粉。唐辛子。パセリの小枝。薄切りのバターつきパン。レモン。

♥**作り方**　油を表面から微かに煙が立つほど熱くするために、鍋は強火にかけます。魚を軽くひとつかみ取って粉の中に入れて小麦粉をまぶし、それを普通の篩に入れて、べとべとにならないうちに余分の粉をふるい落します。いっぺんに全部やってしまっては、何もかも台無しになりますから、これをする時には一回にひとつかみずつを油に入れるようにすることを憶えておくことが肝腎です。小麦粉をまぶした小魚をパラパラと熱した油に振り入れ、こんがり焼き色がつくまで手早くきびきびとかき混ぜます。油の温度さえ正しければ、ほんの数秒です。同じようにして、魚に粉をまぶし、篩にかけ、パラパラと油の上に散らし、それを油からあげ、チーズ・クロス*（吸水性のある紙――ファニーのメモ）の上で油を切り、ドイリーを敷いたお盆に空けて温めておく、という作業を続けます。こうして魚を全部揚げ終って、温めながら山盛りに盛ったら、次にパセリの小枝を洗って丹念に水気を切ってから、それを熱した油に投げ入れ、ひと呼吸おいてすぐに引きあげます。パリパリになってとてもおいしくいただけます。シラスのまわりを取り囲む輪ないしは縁取りになるようにパセリをあしらい、そのところどころにレモンを置いてから、塩・胡椒をふりかけておきます。別のお盆にごく薄く切ったバター一つきの黒パンをお出ししますが、もし万一私のご主人様のような方にお仕えでしたら（そんなことはまずございますまいが）、よく冷えたシャブリ・ワインをワイングラスに⅔だけ注いでお出し下さい（⅔と申しますのは、これが「如何なる機会に如何なるワイン」をお出しする際にも通ずる黄金律なのだとご主人様が教えて下さったのです）。下の調理場で、とくに私のお気に入りのスコットランド・ヤードのお二人がお見えの時は、お二人はいつも今後はこの魚料理の時にはギネスにしてもらえまいか、とおっしゃるのでした。そうおっしゃられるのも無理からぬことで、お二人とてホームズ様の境地には達していなかったのでございます。

鶏と禽獣肉のお料理

こなれのよいロースト・グースの焼きかた

ホームズ様は、脂の多いロースト・グースが胃にもたれるということを口にされる時、目立って口汚くなられるのが常でしたから、このことに関しましてはご主人様のお言葉をここに引くことはさし控えることにいたします。

◆材料　太った鵞鳥、1羽（他には一切不要）。

♥作り方　金枠（現在のグリル皿についているもの――ファニーのメモ）の上に鵞鳥を置きます。両手に食卓用のフォークを持ち、鵞鳥の体を全面にわたって尖った先で突き、一面にむらなく小さな穴をあけます。金枠と下準備をした鵞鳥をオーブン皿に入れ、中火のオーブン（ガス目盛り4～5、中段――ファニーのメモ）でローストします。1時間半経ったらオーブンから引き出します。鵞鳥と金枠をテーブルに載せます。余分な脂がフォークでつけた穴から滲み出し、細い流れになって背骨の両側から脇腹を伝い、下のお皿に落ちていくのがわかるでしょう。焼きあがるまでにはこうして多量の脂が滲み出しますので、たまった脂を空けないと危険かもしれません。火が良く燃えているとして、一般に最初の1ポンドに対して20分をみて、そのあと1ポンド増えるごとに15分増やして下さい。

ローストが終ってみると、脂に混じって肉汁も小さなポツポツになって流れ出ているのがわかるでしょう。それは風味をそぐほどの分量ではないにせよ、ご覧になればわかるとおり、紛れもなく、脂の流れた跡を黒ずませるほどの分量ではあり、鵞鳥がすっかり焼きあがる頃には、皮は全体がパリパリとして、濃いマホガニー色になり、おいしく召しあがっていただけるでしょう。こうして鵞鳥はすっかりおいしく調理され、しかも、鵞鳥を食べると気分が悪くなる胃の弱い方でも、少しもあとで胸がムカつくようなこともなく召しあがっていただけます。

ロースト・グースに添える鵞鳥のプディング

私の家のお二人の紳士はロースト・グースと一緒にいつも鵞鳥のプディングを召しあがりましたが、私はホームズ様がこのプディングについてワトスン先生に説明をしていらっしゃるのを耳にしたことがございます。ホームズ様はこれがヨークシャー州――ヨークシャー・プディングは自分たちの所のものだと主張しているあの州ですが、A・B・マーシャル夫人から学んだところでは、これは誤りだとのことでございます――に始ったものだと話しておられました。

◆材料　コーバーグ・ローフ（一種の甘食パン）の厚切り、4切れ。細かく刻んだ皮なしのビーフ・スエット*（市販の包装してあるスエットで結構！――ファニーのメモ）、3オンス。スペイン玉葱の皮をむき、刻んでから少量のバターでしんなりするまで炒めたもの（炒めた後よく油を切ること――ファニーのメモ）、大匙3杯。香りのよい新品の牛乳、少量（原文のママ――ファニーのメモ）。味付け用の塩・胡椒。乾燥したセージを粉々にしたもの、茶匙にきれいに山盛り1杯。

♥作り方　パンを水に浸して粥状にします。清潔な布巾にくるんで絞ってから、ボールに入れます。これに、スエット、セージ、塩茶匙すり切り1杯、黒胡椒卵用スプーンすり切り1杯を加えてから、牛乳を入れてゆるい生地を作ります。中位のパイ皿に、ロースト・グースを焼く時に出た脂を刷毛で塗っておき、ここに生地を入れ、一定の温度に保ったオーブン（ガス目盛り6――ファニーのメモ）に30分から35分入れます。銘々のロースト・グースに厚切りを添えてお出しします。

ロースト・グース用のリンゴの詰めもの

◆材料　良質のピピン種のリンゴの皮をむき、芯を取り薄切りにして、12個。先のロースト・グースを作る際に出た脂、2オンス。いずれも粉にした、シナモン、生姜、クローブ、それぞれ茶匙すり切り1杯。胡椒、たっぷりひとつまみ。バルバドス産の砂糖、1オンス。新鮮な白いスティルトン・チーズを粗くつぶして、2オンス。

♥作り方　脂をフライパンに溶かして、そこに下ごしらえをしたリンゴを入れ、全体が粥状になるまでかき混ぜながら弱火で炒めます。ここに残りの材料を全部入れますが、全体がよく混ざるよう注意して下さい。これを口金を着けてないリンネル製の絞り袋（ナイロン製の絞り袋──ファニーのメモ）に入れます。中身のつまった、袋の細い方の端を鵞鳥の肛門にあてがいます。こうすれば中身を絞り出して簡単に鵞鳥のお腹につめ込むことができます。

セージと玉葱の詰めもの

◆材料　乾燥したセージを粉々に砕いて、茶匙に軽く山盛り3杯。パセリのみじん切り、茶匙にたっぷり山盛り3杯。スエット、3オンス。目の細かい生パン粉、6オンス。塩、茶匙すり切り1杯。胡椒、卵用スプーンすり切り1杯。スペイン玉葱の皮をむき、みじんに刻んで、10オンス。大きい卵、2個。

♥作り方　卵をボールに割り入れ、よく泡立てます。残りの材料を全部別のボールに入れ、よく混ざるまで一緒に漉し器にかけます。食卓用のナイフを使って泡立てた卵に混ぜ入れ、もし絞り袋で絞り出すのに手頃な柔らかさにするために必要であれば、良質の鶏のお出しを大匙に2、3杯加えます。あとは、前の「リンゴの詰めもの」の項で概略を申し上げた詰め方の手順のとおりになさって下さい。

辛味をきかせた鵞鳥

51ページにあります「辛味をきかせたチキン」の項を開けていただければ幸いでございます。作り方は同じで、ただ、鶏の脚と「牡蠣肉」のかわりに、鵞鳥の股を切り分けたものと、それにもちろん、一番大事な「牡蠣肉」を使います。これはお二人の紳士が、ある時いつもの夜の冒険から一緒にお戻りになった時に大変喜んで下さった、夜食用のお料理です。これは、また、「例の警部さん」の大好物でもございましたが、私はどうしてもあの方が好きになれませんでした。と申しますのも、事件のはじめの頃には、きまってご主人様の創意にみちたご努力をふんぞり返ってさげすんでおられる癖に、事件の終りには素早く身を屈めて名誉だけを拾い上げて横取りしてしまう、というただその一事でも厭でございましたが、それに加えて、あの方には、脚を広げて食卓に着き、いかにも待ちかねる風に物欲しげに、両こぶしを膝で握りしめるという見苦しい癖がおありだったのです。

マイクロフト・ホームズ氏お気に入りのお料理

このホームズ様のお兄様を私は大好きというわけにはまいりませんでしたが、この方は良いお料理のおわかりになる方だったと申し上げないわけにはまいりません。

それにしても、どうしてこんな「特製パーティー用料理」をマイクロフト氏に差しあげることになったかをお話ししなければなりますまい。私の雇い主がどなたであれ、そのお客様に新しいお料理をお出しする前には、必ずそれを作ってみるというのが、私のいつもの習慣でございました。この習慣は「奥様」がおつけ下さったものなのですが、奥様はこうおっしゃったのでした。「良い女主人役というものは、新しいお料理が期待通りにできあがるかどうかなどという余計な心配をかけてくれなくても、充分にたくさん気がかりなことがあるものなのですよ」と。それで、奥様は「新しいお料理は、お献立に加える前に、必ず『お稽古』をしなければなりません」とお命じになったのでした。

そんなわけで私が「お稽古」をしている最中に、マイクロフト様がお見えになったのでした。

椋鳥《むくどり》のパイ

私の父にはいくつか年上の姉がいて、エセックスに住んでおりました。小さい頃、父は鉄道馬車でよく私をそこへ連れていってくれました。憶えておりますが、私達はヘイノート・ロードに沿って美しいレイトン・ストーンの村を歩き、父はそこから二人のホクストン時代の昔馴染と一緒にパイにするための椋鳥を射ちに出かけたものでございます。良いパイを作るには、必ず、新鮮な小ぶりの若かぶがひとつ二つ必要だし、グレイビーには黒ビール《ポーター》(5)をコップに一杯入れなければならないと教えてくれたのも父でございました。小鳥が射ち落されると、すぐさま父と二人の友人は鳥の頭を首の付け根から引き抜いてしまうのでした。そして羽をむしるようにと私に渡すのでした。はじめてのとき、私が苦労して小さな羽をひき抜いているのを見た父がこう言ったのを私は決して忘れないでしょう。「そうやるんじゃあないよ、お前」と父は叫んだのです。「こちらへ寄越してごらん」そう言って私から椋鳥を取ると、首が千切れた所の皮と肉の間にごつごつした親指をつっこみ、素早くぐいと皮と羽をお尻の所まで引き裂きました。それから父は皮の両端を持って、羽もろとも瞬く間にくるりと皮を剝いでしまったのです。そのあと、残った羽を取り除き、はらわたを出して水洗いし、拭いてから、味付けをして壺に入れるのは、ほんのわずかの時間でできることでした。

何年も後になって、「奥様」のお宅で料理番からお料理を習いはじめた時にも、3つがいの鶉《うずら》を拵えるのに、料理番はまったく同じことをいたしました。なぜ皮を使わないのですか、とおずおずと私が尋ねると、料理番は鋭くこう申しました。「鳥の皮は焼き串に刺して焼く時のものだよ。微妙なソースを使ったお料理にはだめなの。このお料理には皮を残しておいてはお話にならないよ、お前」ですからもちろんそれ以後は料理番の言いつけどおり、串に刺してタレをつけながら火で焙る時のほかは、いつもこの手早くて簡単な方法で皮ごと羽をむしっております。

◆材料　椋鳥40羽（お腹の中に充分塩・胡椒をしたもの）。できるだけ小さい蕪、4個。エシャロット、24本。ブラウン・ソース、1パイント。黒ビール《ポーター》、コップ1杯。新人参の泥を落し、洗ってからごく薄く輪切りにして、6本。固ゆで卵、4個（茹でる時間は8分）。デザート用のグースベリー位の大きさの小さなフォースミート*（103ページ参照）のボール、12個。フランカテルリの方法で作ったパイ生地、約1ポンド。

♥作り方　たっぷりした深目のパイ皿とその中央に置くパイ用空気抜きを用意します。皿に空気抜きを置き、その周りに椋鳥を置きます。間に皮をむいたエシャロットと薄切りにした人参の半分を散らし、皮をむいて1/4に切ったかぶを適当に置きます。同じことをもう一度繰り返して下さい。黒ビール《ポーター》をブラウン・ソースに混ぜます。よくかき混ぜてからパイ皿の中身の上にかけ、羊皮紙（ホイル——ファニーのメモ）で覆いをして弱火のオーブン（ガス目盛り3——ファニーのメモ）に入れ、鳥の肉が柔らかくなるまで調理します。この時鳥の肉がポロポロと骨から剥がれるほど柔らかくしてはいけません。オーブンから出したら、覆いを取り、一晩食料貯蔵室（冷蔵庫——ファニーのメモ）に置きます。翌朝になったら、フォースミートのボールと縦に四つに切った固ゆで卵を埋め込みます。パイ皿の縁を湿しておいてから、パイ生地を延ばしますが、パイ生地は非常に気泡ができ易いものですから、延ばす時は小刻みにぐいぐいと延ばしていって下さい。厚さ¼インチそこそこに延ばします。これをパイの上から被せ、縁から1インチ外側に垂れ下った所を鋏で切っていって下さい。垂れ下った部分をたくし込み、親指と人差し指で強くつまんで、ひだべりをつけます。パイ生地が空気抜きにつかえている所をX型に切ります。4つの角を折り返してから、パイ生地の全面に溶き卵を塗りますが、これはまず小ぶりの卵1個をよくかき混ぜてから漉し、そこに純粋なオリーブ油を大匙1杯と塩を小匙にすり切り1杯を加えておいて下さい。これを塗っておきますと、焼きあがったときに輝くばかりに美しい褐色のつやが出るのです。すぐに強火のオーブンの天井から5インチ位のかなり高い所に入れ、薄茶色になって高く盛りあがってくるまで焼いて下さい（ガス目盛り7——ファニーのメモ）。素早くオーブンから取り出し、温度の低いオーブンに入れ直して調理を続けます。最初25分間焼いて、弱火のオーブンでさらに20分焼くことをお薦めいたします。このようにして焼きますと、舌にとろけるようなパイ皮の薄片を幾重にも重ね合わせて層にしたように（もちろんそんなことはしないのですが）焼きあげることができます。鳩《はと》のパイの時にも同じようにすることをご記憶下さい。鳩の場合は病気の仲だちとなる鳥ですので胸肉だけを使わなければなりません。

山鴫《やましぎ》のパイ

以前に依頼人であったことからお知り合いになられたのだと思いますが、ホームズ様はヨークシャーに何人かのご友人をお持ちでした。この方達はホームズ様に感謝のしるしとして、季節のあいだ中、定期的に2つがいの山鴫を送ってきて下さるならわしでした。私はいつも、これを使って「女王陛下がオズボーンにご滞在のおり、宮殿の調理場で御手ずから調理を楽しまれた『山鴫のパイ』を作るように」と仰せつかるのでした。ここにその作り方をご紹介します。

◆**材料**　山鴫、4羽。エシャロット、4本。ブーケ・ガルニ、1束。仔牛の赤身の挽肉、1ポンド。塩をしてない生の豚の脂肪を挽いたもの、1/4ポンド。薄切りにした大ぶりのフランスしょうろ、2個。塩。胡椒。水、2クオート。パイ生地、3/4ポンド。生卵1個と固ゆで卵2個。ポート・ワイン、ポート・ワイン・グラスになみなみと1杯。ブランデー、大匙2杯。

♥作り方　山鴫の羽をむしりはらわたを出してから骨を抜きます。骨を四羽全部の砂嚢、心臓、肝臓と一緒にシチュー鍋に入れます。水、ブーケ・ガルニ、エシャロット、それに、フランスしょうろの入っていた缶に残った汁をここに加えます。強火にかけて沸騰させて下さい。沸騰したらかまどの端に寄せてあくをすくい、トロトロと2時間煮込みます。いったん漉してから、さらに煮詰めて1/2パイントの分量にします。そこにポート・ワインを加え、ブランデーを混ぜ入れて、脇に置いておきます。

山鴫を皮が下になるように拡げて下さい。仔牛の挽肉、豚の脂、塩・黒胡椒少々を混ぜ合わせ、4等分して鳥の上に拡げます。パイ皿に1羽分の肉をフォースミートが上になるようにして入れ、間にフランスしょうろの1/4を散らします。これをもう3回繰り返して肉、フォースミート、フランスしょうろの全部を使い切ります。固ゆで卵を薄切りにして全体に散らします。パイに約1/4インチの厚さのパイ生地で蓋をしてから、その全面に生卵をかき混ぜてから漉したものを塗ります。強火のオーブンに入れ、金褐色になるまで30分間焼きます。ごく弱火のオーブンに移し(ガス目盛り、はじめ7、次に3――ファニーのメモ)、少なくともさらに45分置きます。中央にできた穴を通して、作っておいたソースを注ぎ入れ、そのまま食卓にお運びするか、冷めるまで食料貯蔵室に置いておきます。

鶉のロースト

ご主人様の好みに従えば、この小鳥には必ず、ある決ったフォースミートの詰め物がしてなければならず、ご主人様はそのフォースミートにとてもやかましくていらっしゃいました。「誰でも知っているとおり、良酒に看板はいらないものだ」そうお認めになるのですが、さらに続けてこうおっしゃるのでした。「だが、どんな規則にも例外はつきもので、私の意見では、鶉のパイにはフォースミートが絶対必要だ。もっともフォースミートが看板になるかどうかはわからないがね」これにはワトスン先生もいつもお腹を抱えて笑われたものでした。

メモ　この鳥は（このお料理には2羽使いますが）少なくとも5日間吊しておかなければなりません。その後、羽をむしり、はらわたを出し、紐で括って下さい。

◆フォースミートの材料（1羽分）　細かいパン粉、2オンス。それぞれ3ペンス硬貨にのる位の分量の塩・胡椒。おろし金で6回こすった分量のナツメグ。新鮮で香りの良いバター、1オンス。新鮮なパセリのみじん切り、茶匙すり切り1杯。漉したレモンの搾り汁、茶匙1杯。

♥作り方　便箋（厚手のフールスキャップ*だととてもうまく行きます――ファニーのメモ）2枚を純粋なオリーブ油に浸します。肉厚のマッシュルーム3つの皮をむき、軸も一緒にして細かく刻みます。また、中位の大きさの人参1本、小さい玉葱1個、パセリの葉を大匙2杯分、タイム6枚も細かく刻んでおきます。これらをよく混ぜ合わせてから等分に分け、油を染み込ませた便箋の上にムラなく拡げます。フォースミートの材料を全部一緒にして良く混ぜ合わせて下さい。これをそれぞれの鳥のお腹に詰め、野菜を拡げた紙をオーブン皿に敷いた上に載せます。鳥の胸に脂身の多いベーコンで蓋をし、細いたこ糸で正しい位置にしっかり固定してから、強めのオーブンで35分間焼きますが、この間に2回バターを塗って下さい。さて、今度はこれに添えるソースに目を移しましょう。これを作るには、まず、不純物を除いた、ごく上等のお出し½パイントを、エシャロット1本またはごく小ぶりの玉葱1個と一緒に鍋に入れ、30分間煮ます。これを漉し、小麦粉デザート用スプーン1杯、クラレット*大匙2杯、それに紙に拡げてあった刻み野菜を加えて、濃度を付けます。火にかけ、沸騰したら5分間そのままにしておいてからお出しします。

鹿の肉

ご主人様が何事についてでも広くしかも詳細な知識をお見せになるのは、いつまで経っても驚きでございました。ご主人様は歩く百科事典で、そのことをご主人様が「いつも神経を研ぎすまして」おられたことと考え合わせると、その推理能力も幾分説明がつくことは間違いありません。このことが一番よく証拠づけられましたのは、ホームズ様が私にこうお尋ねになった時でございます。「ハドスンさんの鹿の肉《ベニスン》を料理する能力はどんなものかね」（紳士の階級の方は鹿の肉をベニスンとお呼びになるのです）。ご主人様を存じあげるようになってからまだ間もない頃ではございましたが、ご主人様のおっしゃりたいことにはまだ先があるという事を感じ取りましたので、私は何もお答えしませんでした。案の定、ご主人様は先をお続けになりました。「これは良く考えた上での意見なんだが、良い鹿の肉の選び方と調理法について正しい知識を持っていなければ、独身者向きの良い料理人とはいえないと思うんだ。だからその点でハドスンさんはどの位の経験がおありか話してもらいたいんだ」そうおっしゃって、ご主人様は細長い頭を少し片方にかしげ、両手の長い指先を合わせて、深く考えるご様子で、私の口にする言葉にじっと耳を傾けられるのでした。

私はこうお答えしました。「前のお宅で教えていただいたのですが、ブリテン諸島で最もよく知られている鹿には3種類ございます。主としてスコットランドとアイルランドから来る赤鹿、イングランド北部で獲れるのろ鹿、それにイングランドで一番獲れ易い黄鹿でございますが、黄鹿の多くはハンプシャーのニュー・フォレストからまいります。それに私はこうも思うのでございます」と私は続けたのでした。「これら3種類も雄が最上ですし、また、10月11月12月の3カ月以外には買ってこちら様で召しあがっていただきたいとは思いません」

「鹿の肉はどの位の間吊しておくべきだと思うかね」と今度はご主人様はお尋ねになりました。「もし」と私は条件を付けました「陽気の寒い頃でしたら――と申しますのも、鹿肉は気むずかしい肉で、暖かい陽気ですと驚くほど早くいたんでしまうかも知れませんので――3週間を見ておき、毎日すりおろした生姜と胡椒でこすります」私はもうそれ以上は申しませんでした。ホームズ様は跳びあがるようにして立ち上がり、こうおっしゃいました。「もうそれ以上何も言わなくていいよ。ハドスンさんは充分な知識がありだ。何よりの事だ。ただ、心に留めておいてもらいたいのは、肉を拭いて香辛料を付けるのは、用心のために日に2度した方が賢明だね。それに金串を骨に沿って突き刺してみて、引き抜いてからその臭いを嗅いで、まだ全く新鮮な香りがするのを確かめてみるのも同じく賢明なことだ」そのことを付け加える時間をご主人様が下さらなかったのですわ、と申し上げるのを私は賢明にも差し控え、早速ご主人様に喜んで召しあがっていただくために上等の半身を手に入れることに取りかかったのでした。

鹿肉の半身をローストする方法

まず半身を清潔な布で良く拭き、それから、半身は決して脂の多い肉ではないということを考えて、ベーコン刺し針と、塩をしていない生の豚の脂身を使ってよくバード⑥しておきます。次に、半身が冷たく乾いているうちに、溶かしたバターを全体に塗りますが、これはバターの衣がはっきりそれとわかるくらいに厚く塗ります。

少なくとも1½ポンドのふるった小麦粉に水を加えてこね合わせ、延ばすのにちょうど良い固さのペーストを作ります。これを粉を敷いた大理石板の上で静かに延ばしますが、この時、決してどちらかの向きに引きつることのないように注意して下さい。ローストしている間に割れ目や裂け目ができるのは、引きつった部分なのです。このペーストにくるんでから、かなり強目のオーブン（ガス目盛り5、中段——ファニーのメモ）に入れ、ペーストも含めた重さの1ポンド当りについて13分を見込んで焼いて下さい。焼きあがる時間を計算して記憶しておき、できあがる20分前にオーブンから引き出します。小麦粉と水で作ったペーストを剥がして捨て（もしお宅に犬がいれば、このお肉の味の付いたペーストをびっくりするほど勢いよく食べますので、捨てる必要はございません)、半身にもう一度バターを塗ります。全体に軽く小麦粉をふるってオーブンに戻し、残りの時間で、バターと小麦粉が馴染んでこんがり微妙な色合いに焼きあがるようにします。温めておいたお皿に半身を盛り、レモンを半分に切ったものを銘々がひとつずつとれるように半身の周りにあしらっておきます。そして、もし奥様がお若くて経験の乏しい方の場合には、料理人はいつでも切り分け方をお教えできるように心づもりをしておきましょう。

鹿の半身の切り分けかた

まず、膝肉の端を鋭くスライスして切り落します。こうしてグレイビーをよく流し出すのです。次に半身を縦に薄くスライスしていきますが、このとき、一番おいしい場所は脂のある所だということを忘れないでおいて下さい。これは主として左側にありますので、そのことから「助役さんみたいなもったいぶった歩き方」をすると少々皮肉に言われる仕儀になるのです。

おお野うさぎの煮込み——私はこうして作ります

冷えこむ晩には、このお料理を温めておいたスープ皿に盛り、赤すぐりのゼリー、赤キャベツ、マッシュ・ポテトとレモンの薄切りをそれぞれ別々の器に添えてお出しして下さい。

◆**材料**　おお野うさぎ、1羽（獲れてから8日間は皮を剝がずに、冷暗所に後足から吊しておきます）。頭は羊皮紙（ホイル——ファニーのメモ）でくるんでおきます。残りものの麦酒《エール》、1クオート。よく煮詰めた濃いビーフのお出し、1クオート。薄くむいたレモンの皮、1個分。お望みの風味を出すために、ナツメグ、生姜、唐辛子、塩。上等でないポート・ワイン、ポート・ワイン用グラス3杯。切り分けた肉にまぶすための小麦粉。肉を揚げる為の、清潔な牛肉のドリッピング。ブーケ・ガルニ。

♥**作り方**　8日間が過ぎて、おお野うさぎのお腹が緑色になったら、皮を剝ぎ、内臓を抜き、血はソースを作る時に貴重ですから、一滴残さずボールに受けておきます。うさぎを形の良い大きさに切り分けます。肝臓《レバー》は別にしておきます。大きなフライパンにドリッピング6オンスを溶かし、これがシューシューと言いはじめたら、切り分けた肉に充分に粉をまぶしてから、全体がこんがりと狐色になるまで、ごく強火で揚げます。ひとつずつ取り出して陶器または鉄製のオーブン用ポットに入れます。全部が揚がったら、エールとお出しを上から注ぎ、その中にブーケ・ガルニを漬けてから、先にあげた香辛料を使って軽くお味をつけます。風味のバランスは後になってから調え直すことができます。ぴったり蓋をして弱火のオーブン（ガス目盛り2〜3――ファニーのメモ）の、少なくとも中央より一段は下に入れて下さい。こうして数時間調理して、肉を持ち上げると骨から剝がれるくらいになるようにします。このようになったら、あらかじめ温めておいた大皿に肉をすべて盛り、これを油をひいた羊皮紙（アルミ・ホイル――ファニーのメモ）で覆ってから、温度の低いオーブンに入れて、他の準備ができるまでそのままにしておきます。

肝臓をごく小さなシチュー鍋に入れ、そこにひしゃくに1杯のお出しを加えます。ごく弱火で煮て、やわらかくなったら取り出し、ソースに濃度をつけて仕上げる時に使うペーストを作るために、これを毛ほどの目の漉し器を使って裏ごしにかけます。このペーストができあがったら、すぐに大きなバターの塊（3オンス――ファニーのメモ）と一緒に乳鉢ですり、次にそこに取っておいた血を混ぜ入れます。こうしておいてから、ひしゃくでうさぎの煮汁を加えていき、ペーストが見わけがつかなくなるまでこれを続けます。ポットに戻し、ブーケ・ガルニとレモンの皮を取り除きます。強火にかけてかき廻し、お望みのソースの濃度がつくまでブクブクと勢いよく泡立たせておきます。ポート・ワインをかき混ぜながら入れ、少し時間をおいて、元の温度に戻ってよく泡立つのを待ちます。漉しながらうさぎの上にかけ、よく選んで摘んだクレソンを小さい房にして、いくつかお皿の縁にあしらいます。

肉料理

お客様用ハム料理

ホールダネス公爵閣下が私どものところにお見えになった日には、ホームズ様はしばらく前にベルを鳴らして私をお呼びになり、あらかじめそのことを知らせて下さいました。「あの子」は階下におりました。私はお部屋を下がってから、途中自分の寝室に立ち寄り、衣裳戸棚にかかっている黒の綾織の一張羅をカバーから外し、お天気の良い日でしたし、(なにしろ、かなり長いこと袖を通していなかったものですから) よくふるってから、虫よけ玉の強い臭いを抜くために裏庭の物干しにかけておきました。それから、新しい黒いブーツと、父が亡くなりました時に、母の形見だと言って私にくれた髪留めも出しておきました。こうしておいて、私はいつもの食事の支度に戻ったのでございます。言いつけを守らないと即刻この家を追い出すよとはっきり言い聞かせておきましたので、「あの子」は私がよいという許しを与えるまで階下に留っていたのでございます。

ホームズ様のお言いつけで、私は一番上等の銀のお盆にシェリー酒を用意いたしました。シェリー酒は、ホームズ様がご自分で例の丸い底の平たいデカンターにお移しになりながら、このビンは「船舶用デカンター」と言い、時化の時にも安定して立っているような形につくられているのだ、と教えて下さいました。それから、私は「お客様用ハム料理」をつくりにかかりました。もしこの高名な貴族がお立ちになる前に軽い昼食をなさろうという気持におなりになっても、「お支度ができて」いるようにしようと心に決めたのでございます。これの前にお出しするシラス料理（88ページ参照）と後にお出しするプリンス・アルバートのプディング（181ページ参照）に必要なものはすでに支度ができておりました。あいだにお出しする「茹でた去勢鶏《ケイポン》」は今やかまどの端でコトコトと静かに煮えておりました。サイド・ボードの上にこくのあるチーズをお出ししてバース・オリバーのダイジェスティブ・ビスケットと一緒に召しあがっていただき、一番上等のアイルランド製のクリスタルの水差し（ウォーターフォード・グラス――ファニーのメモ）にパリッとしたセロリをお出ししておけば、上首尾に行くだろうと思いました。いわばわざわざ用意したお料理というのではなくて、たまたま閣下がおいでになったので召しあがっていただくという形に見えることでしょう。「特製ハム料理」を作るには、若いかぶの葉が必要なのですが、これは私の友人の馬車屋の好意で、いつも必要なその日の朝に手に入れておりました。

◆材料　小ぶりで肩の広いハム、1。仔牛のお出し（ごく濃くて澄んでいるもの）、3クオート。大きい玉葱を4つに切って、1個。同様に切った人参、1本。干し草、ひと握り。若いかぶの葉をよく洗って、2ポンド。濃い生クリーム、1パイント。樽から出した辛口のリンゴ酒、1クオート。卵黄、4個。粒胡椒、8粒。

♥作り方　ハムをすっかり塩出しをして甘味を感じるほどにしてから、干し草、リンゴ酒、仔牛のお出し、粒胡椒と一緒に魚用鍋に入れます。蓋をして、よく燃えている強い直火にかけ、急激に沸騰させます。沸騰したら、すっかりあくを除いてから、ハムがゆっくり一定の調子で煮えるようにコンロの口に蓋をします。勢いがおさまってグツグツ言いはじめたら、かぶの葉を加え、さらにハムの皮をひっぱると切れ端が簡単に剥がれて取れるようになるまで煮続けます。魚用鍋の内鍋を持ってハムを持ち上げ、鍋の上で水気を切り、すっかり皮を剝ぎます。皮は捨ててしまいます。残念ながら、今のところ私には皮の使い途は見つかっておりません。ハムをよく注意しながら羊皮紙（アルミ・ホイル——ファニーのメモ）にくるみ、これを保温用のオーブンに入れます。干し草を取り除きます。お鍋の煮汁に玉葱と人参を粗切りにして加え、軟らかくなるまで、かまどの端で蓋をせずに煮ます。野菜が軟らかくなるころには、お鍋の煮汁は、煮詰まってかなり分量が減っているはずです。中身をすべて、大きめの漉し器で漉します。漉し器に残った具から粒胡椒を除いてから、タミー布（タミー、つまり漉し器——ファニーのメモ）で裏漉しします。タミーで漉したものを小さ目の厚手の鍋に入れ、先に漉し器にかけた煮汁1パイントと濃い生クリーム½パイントを加えます。残りの生クリームをボールに入れ、卵黄4個をよくかき混ぜながら入れます。リンゴ酒と生クリームの入った煮汁のお鍋は、お出しするまで、かまどの端に寄せておいて下さい。その時になったら、ここに卵と生クリームを混ぜたものを手早くかき混ぜながら入れますが、このとき、ソースが固まってしまわないように、煮汁のお鍋は、外側のお鍋（二重鍋――ファニーのメモ）にお湯を張った上に浮かべるようにしておいて下さい。トロリとクリーム状になるまでよくかき混ぜます。かまどの一番端に寄せておいて下さい。ハムを薄くスライスし、温めておいたアントレー皿に重なり合うようにして並べ、その上からソースをかけて、ハムがすっかりかくれるようにします。このお料理は、私がお作りしたのを召しあがって下さった方には、ずいぶん気に入っていただいたものですが、お出しする時には、カリカリに焼いたトーストの小切れを添えて下さい。

私の得意な腎臓《キドニー》と牡蠣のパイ

ワトスン先生の若奥様が私を「お名指しで」ご訪問下さるという光栄に与るようになりましたのも、このお料理のお蔭でございます。奥様は221番地Bの戸口にお見えになり、私が扉をお開けすると、手袋をした小さな手を差し伸べてこうお尋ねになるのでした。「あなたがハドスンさんでいらっしゃいますの？」

私がそのとおりだと申し上げると奥様は戸口を入られ、マフの中から小さなメモ帳を取り出されました。「私、貴女をお訪ねしてまいりましたのよ」と奥様はおっしゃるのでした。「いろいろ話にはうかがっておりますのよ、主人から」可愛らしい奥様は主人という言葉に口ごもられ、ご結婚後間もないこととて、それは愛らしく頬を染められるのでした。そして、こうお続けになりました。「主人があんまり貴女のお作りになるキドニーと牡蠣のパイがおいしいと申すものですから、その素敵なパイを作る貴女の秘術を教えていただくわけには行かないかしらと、思い切ってお願いにあがりましたの」

何だが自慢話めいて聞こえてしまったかも知れませんが、こんな風にいかにも自分が大したものだと思えるようにほどよくためらいもまぜながらおだてられれば、誰だってお頼みをお断りするわけには行かなくなるというものでございましょう。よろしゅうございますと申し上げてから、私は奥様にご都合の良い日を言っていただき、必要な材料を揃えて、私のパイの作り方をお教えすることをお約束したのでございます。「それでは、一生ご恩は忘れませんわ」と奥様はおっしゃいました。「ところで、こちらのお宅が独り身の方の世帯だと言うことは存じあげておりますが、それでもお料理のあとで、ホームズ様にお独りで食卓についていただいて、ご昼食ににわか仕込みの私のパイを召しあがっていただくようにお願いしてはいけないかしら」もちろん、こんな魅力的な物腰のご婦人がその目的を遂げられないはずはございません。こうして奥様は私の調理場にお見えになり、手さげ袋からとても可愛らしい——まったく実用向きでない——エプロンを取り出して、私からこの作り方を「習った」のでございます。請け合って申し上げますが、実際のところ、「ごく簡単なお料理」なのでございます。

◆材料　ラムの腎臓《キドニー》、12。加熱用牡蠣、24個。スペイン風ソース、1パイント。エシャロットのごく細かいみじん切り、4オンス。ふるった小麦粉、10オンス。皮を除いた牛のスエット（市販のスエット——ファニーのメモ）を細かく刻んで、5オンス。漉したレモンの搾り汁、半個分。黒の粒胡椒、たっぷりひとつまみ。冷水、少々。ベーキング・パウダー、大匙山盛り1杯。

♥作り方　最初にスエットを使ったパイ皮を作ります。小麦粉にスエットとベーキング・パウダーを混ぜ、水を加えてこね合わせ、しっかりした生地を作ります。粉を敷いた板の上で延ばして½インチの厚さにし、充分にバターを塗った2ポンドのパイ皿の内側に敷きつめます。天辺の所で余分な生地を切り落します。次に、上から布をかけ、パイ皿の外側のへりの下にたくし込むようにして細い紐で留め、布の四隅は長くテーブルの上に垂らしておきます。結わえた布の表面に注意しながらバターを塗ります。生地の切りくずを集めてこね直し、蓋を作ります。これをバターを塗った布の上に置き、その上をバター・ペーパーですっかり覆ってから、さらに布の四隅を折り返して、この生地の蓋を保護するようにします。こうしておいて、下鍋に熱湯を半分入れた蒸し器に入れます。上鍋にぴったりとした蓋をして、1時間半蒸します。この間に中に入れる具の準備をします。キドニーの皮をとり、薄く切ります。本物の牡蠣用ナイフを使い、また、牡蠣の汁をボールで受けながら、牡蠣をむきます。キドニーにむいた牡蠣とレモンの搾り汁を加えます。薄切りにしたキドニーをスペイン風ソースと一緒に厚手の鍋に入れ、準備したエシャロットと胡椒を加えて、弱火でごくゆっくり煮ます。こうして30分煮たら、パイの皮が蒸しあがるまで、かまどの端に寄せておきます。パイの皮が蒸しあがったら、布をほどき、紙を除き、しずかに持ち上げて蓋をはずします。私の発見したところでは、蓋をはずす一番良い方法は、薄い金べらを2枚用意し、軽くバターを塗って蓋の下に滑り込ませるやり方です。こうすれば、少しもひびを入れる恐れなくはずすことができます。キドニーと牡蠣をスープごとパイ皮を敷きつめた皿の本体に空け、そこに牡蠣のボールにうけた汁を入れてから生地の蓋をし、蓋と本体の生地の端をつまみ合わせて、しっかりとくっつけます。再びバター・ペーパーをかぶせて紐で結び、蒸し器に戻し、蒸し器の蓋の下から湯気がどんどん出るようになってから、さらに、正確に6分間蒸して下さい。お出しするときにはまず紐を外し、布とバター・ペーパーをとります。パイ皿をよく拭いてから、そのまわりをピンピンに糊をしたナフキンでくるんでピンで留め、銀製のお皿にのせます。次に、よく切れるナイフで蓋の一部を大きくくさび形に切り取り、これを蓋の本体にのせて、ただちに食卓にお運びします。

マトン・ナヴァラン

私は、一度、ホームズ様がこうおっしゃるのを耳にしたことがございます。「これは僕のよく考えた上での意見なんだが、普通は、冷めたマトンなどと言うものは、立派な離婚の理由になるものだ。どんな事情にせよ、冷めたマトンを食卓に出すような女は、ひとりきりでそれを食う羽目に追いやられてしかるべきだ。だが、このハドスンさんの料理だけは、実にうまそうだと認めざるを得ないじゃないか。そう思わないかい？」

残念無念。お医者様からは「モグ、モグ、モグ」というお答えが返ってきただけでした。でも、先生が首をお振りになるご様子から、私には、先生が、そう、そう、そのとおり、と言っているおつもりなのだと見てとれました。先生は、そのとき、良いお行儀と申し上げるにはいささかたくさん口に頬張りすぎていらっしゃったのでございます。

◆材料　皮や脂身を取り除いたマトンの肩部、1。肉にまぶすための香味を付けた小麦粉、少々。肉を炒めるための溶かした羊の脂。良質のマトンのお出し。塩。胡椒。ブーケ・ガルニ。辛口のイギリス風辛子、唐辛子、挽いたメース、挽いたナツメグ、挽いたクローブ。にんにく、2かけ(皮はむきますがつぶさずに。それとわかるようにではなくかくし味として用いるので、中位の粒を用いて下さい)。ごく若い丸い小かぶ、6個。

角砂糖、6個。赤いリマ豆、1/2ポンド。

♥作り方　豆をたっぷりの水に浸して一晩寝かせます。朝になったら水を切ります。香味を付けた小麦粉を新たに作るか、あるいはすでに作ったものがあれば、それを利用します。皮や脂身を取り除いたマトンの肩肉を、2インチ角の大きさにそろえて切り、それに香味を付けた小麦粉をよくまぶし、お味が逃げないように全体に焦げ目がつくまで、強火で勢いよく炒めます。それを取り出し、しっかりした陶製のキャセロールの底に一段に敷きつめます。残ったものはしばらく脇においておきます。皮をむいたにんにく2かけを押し込んで下さい。その上にふやかして水を切った豆を少々散らします。それに、かぶを最初半分にし、次に1/4にし、1/4をさらに3つに薄切りにして、これも少々散らしておきます。同じことを、テーブルの上に材料がなくなるまで繰り返します。

角砂糖を茶色の包装紙を厚く畳んだ中に挟み込み、麺棒で延ばすようにしてつぶします。これを胡桃大のバターと一緒にしっかりした鉄のフライパンに空けます。これをできるだけ濃い褐色のカラメルにします。こうすれば、胃に害になるかも知れないようなものを混ぜ入れたりせずに、本当の色づけができるのです。濃いマトンのお出しを少々加え、ブツブツと煮立たせます。それから残りのお出しを入れ、それをキャセロールの中身の上にかけます。分量は中身が隠れる程度にして下さい。こうしておけば、香味を付けた小麦粉に包まれた中身が、とろ味と風味をつけてくれるでしょう。弱火のオーブン（ガス目盛り2——ファニーのメモ）に入れ、お肉がちょうど頃合いの柔らかさになるまで調理します。オーブンから取り出したら、これを食料貯蔵室に持っていっておきます。翌朝、表面に浮いている脂肪をどんな小さなものも残さず取り除いてから、お食事の1時間半前に同じ温度のオーブンに入れ、ゆっくりと熱を通し、かつ、とろ味をつけて仕上げます。食卓にお出しする前に、忘れずに味見をし、お味が適当でなかったら調味料を加えて調整して下さい。

オニオン・ソースを添えたマトンの脚のロースト

お夕食のお肉のコースが「マトンの脚のロースト」だと言うことをお知らせしようとするやいなや、すぐさまホームズ様は頷かれ、例の大きなパイプを一服ふかしてから、お顔を包んでいる煙の中からこうおっしゃるのでした。「それは素晴らしい。だが、ハドスンさん、どうかオニオン・ソースをたっぷりつくってくれたまえ」これは私のよく考えた上での意見でございますが、私のご主人はマトンよりもソースの方をたくさんお使いになるのでした。遺憾ながらご主人様はあの忌まわしい注射器の中毒でいらしたらしいのですが、それと同じように「オニオン・ソース」の中毒でいらっしゃったと申し上げてよろしいでしょう。

◆材料　中位の大きさのマトンの脚、1本。ごく大きな人参、3本。同じく大きな玉葱、3個。同じ数のセロリの葉の部分（きれいに形を整え、もったいないので切り取った外側の葉はスープに使います）。バター、大匙山盛り2杯。オリーブ油、大匙すり切り2杯。沸騰しているマトンの骨のお出し、モーニング・カップ1杯。ワイン・ビネガー、モーニング・カップ¼。月桂樹の葉、1枚。皮をむいたにんにく、2かけ。塩、茶匙山盛り1杯。つぶした黒胡椒、茶匙すり切り1杯の半分。

♥作り方　玉葱、人参、セロリを細かく刻みます。厚手のシチュー鍋にバターを溶かし、オリーブ油を加えて一緒に熱します。鍋の底の温度が高くなりすぎないように、鍋をかまどの端に寄せ、かきまぜながらお野菜を入れて蓋をし、時々お鍋をゆするようにして、全体が狐色にしんなりするまでそのままにしておきます。お出し、ビネガー、ちぎった月桂樹の葉、丸のままのにんにくの粒、それに塩・胡椒を加えます。もう一度蓋をして、20分間煮ます。火からおろし、モスリンを一重に敷いた漉し器で漉し、漉した汁を冷ましておきます。マトンの脚をオーブン皿に入れ、かなり強めのオーブン（ガス目盛り6、中段——ファニーのメモ）に入れます。30分間そのままにしておいてから、冷ましておいた先ほどのスープをタレとしてこれにかけます。15分おきにタレをつけながら、マトンのお肉が、私の「高名なご主人様」のお好みのピンク色の焼き加減になるまでローストしますが、ご主人様ほど味にうるさくない方にお出しするのでしたら、芯まで焼いてしまいます。汁気を切り、骨につけたままで、肉の部分をスライスします。こうすれば、切ったスライスが平らに並び、皮の部分に細く切れ目が入るほかは、形がくずれません。脚をローストしている間に「オニオン・ソース」をこしらえます。

オニオン・ソースの作りかた

1½ポンド分のスペイン玉葱の皮をむき、いったん粗切りにしたのち、きちんとした賽の目に切ります。それを茶匙すり切り1杯のあら塩と一緒にシチュー鍋に入れ、玉葱がかくれる位の熱湯を注ぎます。蓋をして玉葱がすっかり軟らかくなるまで煮ます。これを漉して、煮汁を目盛りつきの水差しにうけます。分量が¼パイント以上あれば、もう一度煮詰めてこの分量にします。これに½パイントの新鮮な牛乳を加え、かまどのへりの所で熱します。別のシチュー鍋に新鮮で香りの良いバターを1½オンス溶かします。同量のふるった小麦粉をかき混ぜながら入れ、粉っぽい味を抜くために、さらに少なくとも3分間かき混ぜます。かき混ぜながら牛乳を少し加えてはそれが全体に吸い込まれるまでかき混ぜる、と言う風にして徐々に牛乳を混ぜていきます。時々かき混ぜながら、かまどの端で20分間煮てから、すでに調理した賽の目に切った玉葱を入れ、かき混ぜておきます。そうしましたら、こってりした濃い生クリーム¼パイントをかき混ぜながら加え、味見をしてみてもし必要なら塩・胡椒を加えてお味を調えます――このように調理しますと玉葱はお塩を「食う」ものでございます――そして最後に、お出しする直前にクリーム・チーズを厚さ½インチで1½平方インチの大きさに切ったものを加えます。これがソースに溶けてしまうまでかき混ぜてから、お肉とは別にお出しします。

ベーカー街遊撃隊用牛の胸肉《ブリスケット》の塩味煮込み

私の「高名な雇主」から承ったご命令のうちで最も厳しい（そして最もやっかいなと申し上げてよいかと存じます）もののひとつは、ご主人様が「わがベーカー街遊撃隊」と命名なさった例のボロをまとった子供たちに関するものでございました。彼らはまさにホームレスにほかならず、たしなみということを考えますと、もっぱら「清潔なお料理」を旨としておりますこの本で、かれらの風体を逐一申し述べるのははばかられます。ですから、例のウィギンズとその怪し気な手下達をひと目見た時から、私は私のきまりを、そして、ホームズ様はホームズ様のきまりをお作りになったことだけを、ここではのべさせていただくことにいたします。

私のきまりといたしましては、手と首をごしごし洗い、髪も洗って私がよく調べてからでなくては食事をしてよいとは決して言わないことにしたのでございます。それに、気がついて見ると耳も洗わないではすまされない有様でした。もうこれ以上は申し上げますまい。こうしてよく洗ったのを見届けてから初めて子供たちに食事を出してやることにしたのでございますが、子供たちはいつもそれを、まるで一週間も食事をしていないとでもいうように、がつがつと口に詰め込んだものでございます。私はまた子供がボロ靴を椅子の脚の桟にこすりつけるのも許しませんでした。足は床につけて、食前のお祈りの時は頭を下げる、これが子供たちが毎日守らなければならないことでした。お食事はそのあとでした。また自分の使ったお皿とマグ（私は子供たち専用に金属製のものを求めました）を流しに持っていって洗って、拭き、そしてもとあった所に戻させることにいたしました。こうして私は子供たちにお行儀らしきものをだんだんに仕込んで行ったのでございますが、それはそれは骨の折れる仕事でございました。

次はホームズ様の番でした。階段の上にまで出ておいでになり、大声で「騒ぐのをやめないか！　そんな風に大勢で押し寄せるのは許さん」と言われ、彼らを抑し止められたのです。騒ぎの先頭に立っていたまだ子供のウィギンズは、お叱りを受けて、びっくりして顔を上げました。「これからは、ウィギンズ」とホームズ様は厳しくおっしゃいました。「お前が他の者の報告を受けて、私はお前から報告を受ける」

残念ながら、このお言いつけは少しも効果がありませんでした。次にやって来た時、彼らはまたその17段の階段を駆け上りました。6年経ってからも、ホームズ様がいけないよと言う風に長い指を振って「まったく、お前たちは……」とおっしゃっても、やはり少しの効果もなく、見たところご主人様としても何か効果があるなどとは少しも期待していらっしゃらないご様子でした。

彼らのご入来を知らされますと、私はよく茹で肉とお団子《ダンプリング》という本当にお腹にたまるお食事をさせたものでございますが、お肉は、塩をして2階にお出しするときは上等のシルバー・サイド（牛のもも肉の最上の部分）を使うのですが、彼らには安い牛のブリスケット（胸肉）を使いました。私はそれと一緒にお出しの中で茹でたジャガイモ、それに玉葱と人参を出しました。そしてみんな一緒にスープ皿に山のように盛っても、彼らが肱を突き出し、おいしいと思っている時に立てる、ぞっとするようなチューチューという音とともにその山を平らげて行くのを眺めるのでした。

その作り方をご紹介いたします。

食卓に出す6日前にブリスケットを丸のまま買い求め、それを台所のテーブルの上において余分の脂肪をすべて切り取ります。脂肪は脇に寄せておき、溶かしてから漉し、別の時に使います。

肉をきつく巻いて根元から1½インチの所と先端から1インチの所の二カ所に焼き串を刺します。焼き串の目に丈夫なたこ糸を通し、肉のまわりにしっかりと巻きつけ、再び同じ串の目でとめます。もう一本の焼き串についても同じようにします。非常にたっぷりした容れ物に水を半分張ります。岩塩をいくつかみか入れてよくかき混ぜ、中で卵が浮く位になるまで塩を加えて行きます。ここにブリスケットを浸します。肉が水面から突き出ないように、汚れていない薪を使って押し込んでおきます。こうして6日間冷たい場所に置いておいて下さい。これを取り出したら、深いお鍋か、ジャム用のお鍋に入れて下さい。塩漬けになった肉にかぶるまで水を入れ、蓋をして直火（ガス全開――ファニーのメモ）にかけて、急激に沸騰させます。沸騰したら、コンロに蓋をし、強すぎず、かつ一定の強さでことこと沸騰し続ける火加減の辺りまで、お鍋をかまどの端に寄せます。肉によく火が通るまで、1時間この火加減を保ちます。次に、中位の大きさのスペイン玉葱を少なくとも18個、皮をむいて入れて下さい。太い人参を8本、皮をこそげ、縦に四つ割りにしてここに加えます。もう一度蓋をして、野菜が両方とも軟らかくなるまで煮つづけて下さい。軟らかくなったら取り出して水気を切り、野菜のお皿に盛って覆いをしてから、保温用のオーブン（ガス目盛り¼――ファニーのメモ）に入れておきます。古いジャガイモ2½ポンドは皮をむいて肉と一緒に、お肉の調理時間の最後の25分間茹でますが、この頃に入れればちょうど良いはずです。ジャガイモが軟らかくなったら、取り出して水気を切り、他の野菜と同じように温めておきます。お肉も取り出して肉用のお皿に盛り、これも温めておきます。お鍋は直火（ガス全開——ファニーのメモ）に戻し、煮汁がグラグラと煮立っている所にお団子《ダンプリング》を入れて、可成り勢いよく茹でます。これをお肉の周りに盛りつけ、煮汁は大きな水さしに入れて出します。私はいつも、哀れな子どもたちには、銘々にこのスープをジョッキ1杯ずつ与えました。もっとも、ジョッキに鼻をつっこまないようにとかれらに教え込むことはついにできませんでしたけれども……。

お団子《ダンプリング》

ふくらし粉入り小麦粉1ポンドをふるって、これに皮のまじっていない羊のスエット6オンス（この目的のためには牛のスエットよりもずっとよいのです）を混ぜます。最上のベーキング・パウダーを茶匙に山盛り1杯、料理用食塩を茶匙すり切り1杯を入れ、水を加えて軽くて締ったペーストを作ります。ごく小さなお団子にして、煮汁が煮立っている所に落とし、あとは膨れて表面に浮んできたらすくい上げれば良いのです。私はいつも試しにひとつ切ってみます。あるいは、もしお望みであれば、時間の節約のためにジャガイモと一緒に茹でて、ジャガイモのあとから取り出しても良いでしょう。

臓物料理

新トライプ料理

ワトスン先生はナフキンをえりにたくし込むと、食卓に向って両手をこすり合わせながら、よくこうおっしゃったものでした。「下品な好みかもしれないが、それでも私はトライプ*が好きだね。特にハドスンさんのトライプ料理が」

ところで、私がまだほんの子供の頃、たった半ペニーでホクストン通りの呼び売りから、湯気の立っているトライプをお椀に一杯買えるのは本当にありがたいことだといく度も思ったものでした。トライプが藤紫の縁取りのある白い金属製のジョッキに入れられて来ると、私はそれを両手でくるむようにして、ミトンをした指を温め、鼻をくんくん言わせてあのにおいまで何て良いにおいだろうと思ったものでした。後年に、味覚がもっと凝ったお料理に慣れてからは、トライプをもっと贅沢なお料理にしてみたらどうだろうとよく考えたものでした。ホームズ様にお仕えしていた時、私はワトスン先生がなつかしそうに「ジョッキにいれてあって湯気の出ている」トライプを食べたいものだとおっしゃるのを耳にいたしましたので、早速実際に取りかかったのですが、もちろんこれはちゃんと「ハネカム・トライプ」（トライプの蜂の巣状の部分）を使ってで、例ののっぺりした胃袋を使ってではありませんでした。色々拵えてみてもなかなか私自身満足がいかなかったのですが、とうとうこのイギリスの庶民の味を作り出す秘訣を発見し、お二人にお作りしたところ、おいしいとはっきりお認めいただいたのでございます。

この私の特製料理に取りかかっていただく前に、2つの根本原則をあらかじめご理解いただくことが肝腎です。トライプの分量の2倍の玉葱がなければならないことと、それに、お料理ができあがったら、いったん冷まして24時間食料貯蔵室にねかしておいてから中火のオーブンで再び1時間調理するということです。

◆材料　ハネカム・トライプ、2ポンド。皮をむき、ごく薄くスライスしたスペイン玉葱、4ポンド。お好みに合わせて、塩、少々。お好みに合わせて、黒胡椒、少々。水。牛乳と生クリーム。かたくり粉、大匙山盛り2杯。

♥作り方　トライプを指ぐらいの太さに細長く切りますが、もし長すぎてスプーンで口まで運びにくいようでしたら、適当な長さに切って下さい。玉葱と一緒にしっかりした鉄製のお鍋に入れ、材料に2インチかぶる位の水を入れます。強火のかまどにかけて沸騰させてから、かまどの蓋をふさいで火を弱め、トライプが完全に軟らかくなるまで、コトコトと静かに煮ます。いったん漉して煮汁はお鍋に戻し、トライプと玉葱は脇に置いておきます。かまどの蓋をはずして強火に戻し、煮汁を勢いよく煮つめてほんの½パイントにします。そこにトライプと玉葱を戻します。全体が水気を帯びる位の分量の牛乳を加えて下さい。1パイント位の分量で充分だと思います。もう一度よく火が通るまでかき混ぜて下さい。小さなボールにかたくり粉を薄い（あまり濃くない）生クリームで溶かします。お鍋の煮汁をひしゃくに1杯とってそこに混ぜ入れます。お鍋の中にときかたくりを空け、少し固すぎるくらいにとろみがつくまでよくかき混ぜます。これにジャージー種の生クリーム½パイントを加えて程よい濃度に戻します。丹念にかきまぜながら、もう一度これを沸騰させます。蓋つきのオーブン用のお鍋（キャセロール）に入れ、蓋をはずしたまま食料貯蔵庫で24時間寝かせます。中火のオーブンで温め直し、必要になった時に、トーストにバターをたっぷり塗ってから耳をとり、細切りにしたものを添えてお出しします。

★ファニー・クラドックからのご注意　恐れ入りました。ただハドスン夫人の石炭のかまどをガスに書きかえて、熱し直す時はオーブンに入れてガス目盛り4にすればそれで結構です。必ずかたくり粉を使って下さい。コーン・スターチを使うと必ず味がついてしまうのです。このことを見ても、ハドスン夫人がよく物を知っていることがわかります。

ハギス

それは時たまのことで、めったにないことでしたから、それだけいっそう私にはありがたかったのですが、時々、ホームズ様は何か珍しいお料理を前になさると、その起源について詳細にわたって長々とご説明下さるのでした。そんな折りには、私はあれこれ口実を作ってはサイド・ボードを忙しそうに片付けたりして、何とかして最後までそこに居て、偉大な私のご主人様のお話を伺って、私の乏しい知識を増やそうとしたものでございました。

ハギスがスコットランドのものではないということを知ったのも、このようにしてでございました。これはイタリアで生まれ、偉大なフランス料理のご多分にもれず、そこからフランスに渡って、それからイギリスにやって来たのでございます。もっともイギリスまでやって来るものは、めったになかったのでございます。ハギスはアピキウス*という名前の偉大なローマ人のお気に入りのお料理だったようです。このハギスは茹でた豚の胃袋を使って作るもので、これに豚の臓物と脳味噌、生卵、ドロドロに潰したパイナップルを詰めて香辛料をたっぷり加え、さらにリクウェイメンとかいうもので香りをつけるのでございます。リクウェイメンが何でできているかを書くのはぞっとして筆の進まないところですが、食物の歴史に対する興味から書き記すことにいたします。大小とり混ぜたたくさんのお魚の腸、鰓、血液にいくつかみかの塩を入れてかき混ぜ、蓋のない大おけに入れて熱いイタリアの太陽の下で腐敗が充分に進んだら、そこにローマ産のワインと調合した香辛料を加えてローマの市場で売られたのでした。リクウェイメンが元来ギリシャで作り出されたものだということは心に留めておく必要があるでしょう。

話を全部お伝えするために、ご主人様がそれは雄弁にお話し下さったことをもう少し説明させていただくことにいたします。スコットランド人は、少なくとも昔は、豚肉をひどく嫌ったもののようです。そこで彼らは最初にハギスが彼らのところに伝わって来たとき、羊を使ったのでございます。スコットランドに伝わったのは、ノルマンジーを経由してでしたが、ハギスは11世紀のノルマンジーではフランチェモイルという名で知られていたのでございます。フランチエモイルとリクウェイメンというこの2つの奇妙なものの綴りについては、私は確信がございます。と申しますのも、誤りを正していただこうと私のメモをホームズ様のところに持ってまいりますと、ホームズ様はよく注意して聞いているねとお賞めの言葉を下さったからなのです。それから、私にさがってよいとおっしゃる前にしめくくりとして肩越しにこう言葉を投げてよこされたのでした。「スコットランドのハギスを試してみてはどうかね、ハドスンさん。ワトスン君も僕も大好物なんだ。もっとも一緒に食べるのはジャガイモよりもバターつきの黒パンの薄切りにしたいね。ジャガイモなどというものは飢饉の時の食べ物で、空っぽの胃袋にはありがたいが、さもなければ腹にたまりすぎてどうにもいただけない代物だからね」私はこのことも注意深くメモをしておきました。私が踵を返して立ち去ろうといたしますと、ホームズ様はこう付け加えられて、また私をびっくりおさせになるのでした。「もし良い調理法が手元になかったら、大英博物館に行って『メグ・ドッズの料理法』を見せてもらうといい。昔のスコットランドの料理についてメグ・ドッズほどよい手引きを書き残した人はいないからね。ハドスンさん」

もちろん私はホームズ様のおっしゃるとおりにいたしました。実際、私の仕事は先の分まで済んでおりましたし、お二人は外でお食事をなさるので自分とあの子の食事を作ればよいだけでしたので、私は早速ボンネットを被り、あの子には、2階のベルによく耳をすましていること、塗ったばかりの台所用の椅子から踵を下すこと、本喪服をまとったような真黒な爪をよくこすっておくこと、といいつけて大英博物館へと向ったのですが、そこではまさしくホームズ様がおっしゃったとおりのものが見つかったのでございます。

ハギス――メグ・ドッズ女史のご本より

羊の胸部の臓物[7]をよく洗う。心臓と肝臓に切れ目を入れて血を抜き、軽く熱する。このとき気管は鍋のへりにひっかけておき、不純物が外に出るようにしておく。10分間茹でたら水をかえる。30分茹でれば充分であろう。肝臓の半分のみはもう一度鍋に戻し、簡単にすりおろせる位になるまで茹でる。心臓、肝臓の半分、肺臓の一部の皮と黒く見える部分を取り除き、全部一緒にして細かく刻む。良質のビーフ・スエットと、少なくとも4個の大ぶりの玉葱も細かく刻む。残りの半分の肝臓をすりおろす。小さい玉葱12個の皮をむき、2つの鍋に分けて湯がいてから、詰め物に混ぜる。細かく挽いたオートミールを用意し、すっかり乾燥して薄く焦げ目がつくくらいになるまで、たっぷり時間をかけてゆっくり煎っておく。この分量の肉に対しては茶匙2杯以下でよい。詰め物を板の上に広げる。塩・胡椒、それに唐辛子少々を、あらかじめよく混ぜ合わせてから、その上に軽くふりかける。用意したハギス用の胃袋をよく洗い、極端に薄い部分がないかどうかよく調べておく。さもないと途中で破裂してすべて水泡に帰してしまう。肉を½パイントの良質のビーフ・グレイビーと一緒に詰めるが、この時、一杯まで詰めずに肉の膨らむ余地を残しておく。レモン汁ないしは良質の（ワイン――ファニーのメモ）ビネガー少々を加え、口を縫って閉じてから、茹でている最中に膨張した際に破裂するのを防ぐため、太い針で穴をあけておき、ゆっくりと約3時間茹でる。

★ファニー・クラドックからのご注意　ハギスを茹でるための「銅がま」が無いとはいうものの、蒸す手だてがあるという点で、私達の方が有利です。蒸すのであれば、たとえ破裂しても何等痛痒はなく、何も無駄になることもありません。

ディナー・パーティー用「うまパン《スウィートブレッド》」のクリーム煮

◆材料　大きな喉のうまパン、*4（8人前）。小麦粉。熱湯。冷水。塩。胡椒。小ぶりの開いていないマッシュルーム、1ポンド。濃い生クリームを泡立てずに、1パイント。直径2½インチのブリオッシュの輪切り、16個。フランスしょうろ《トリュフ》の薄切り、8（トリュフ、1個——ファニーのメモ）。漉したレモンの搾り汁、1個分。バター。

♥作り方　蛇口から水を流しながら「うまパン」をよく洗い、小さな赤い血管をできるだけ取り除きます。大匙山盛り4杯の小麦粉を大き目のボールに入れ、水を加えてかき混ぜてすっかり滑らかなペーストにします。やかんに一杯熱湯を用意しておき、かき混ぜながらこれをペーストの上に注ぎます。ペーストが透明に固まり、壁紙を貼る時に使う糊のようになるまでかき混ぜ続けます。これを大型のお鍋に移し、ここに「うまパン」を入れます。強火にかけていったん沸騰させます。火から下して、全体がすっかり冷めるまでうまパンを「ブラン」の中に入れたままにしておきます。プロのシェフ達はこの糊状のスープのことを「ブラン」と呼ぶのです。冷めたら、残っている皮をすっかり取り除き、平らな板の上に置きます。ろう紙を一枚かぶせ、その上にもう一枚平らな板を載せます。その上から重しをして、冷たい場所に一晩寝かせます。朝になったら、「うまパン」を½インチの厚さにスライスします。厚手のフライパンにバター2オンスを溶かし、このメダル形の切身を滑り込ませ、両面を「硬化」させます。生クリームを入れ、さらに、マッシュルームをゆがいて皮はむかずに軸だけ除いてごく薄くスライスしてここに加えます。かなりの強火でソースに濃度がつくまで煮ます。マッシュルームを生クリームから漉し分けて、あらかじめ作っておいたクルトンの上にベースとして敷いておいてから、「うまパン」を取り出してその上に載せます。トリュフをひと切れメダル形の切り身の中央に載せ、クリームを煮立たせてからお味見をし、お好みに合わせて、塩と黒胡椒で味付けをします。あらかじめ温めておいたお皿に「うまパン」を盛った上からこれをかけます。お出しする直前に挽き立てのパセリの葉をソースの上から散らし、さらに全体にレモンの搾り汁をふりかけてもよろしいでしょう。

クルトン　新鮮な牛乳5液量オンスに卵1個をよく混ぜ、さらに濃い生クリーム1液量オンスを加えて、再び強くかき混ぜます。ここにブリオッシュの輪切りをくぐらせますが、決して一瞬たりとも漬けておくようなことがあってはなりません。そんなことをすればたちまちボロボロにくずれてしまいます。1枚ずつくぐらせ終えたらば、少し煙が立つくらいに熱した油の中で両面が膨らんでこんがり金褐色になるまで揚げます。油を切ってから使います。

ラムの脳味噌のすましバター漬け

◆材料　2ポンドの石の壺を一杯にするのに必要なのは、ラムの脳味噌14と新鮮なバター、塩、白胡椒、ナツメグとシナモンそれぞれひとつまみ。

♥作り方　先の「うまパンのクリーム煮」の作り方でお話ししたのとまったく同じやり方で脳味噌を「ブラン」で調理します。脳味噌が冷えたら皮と血管を残さず取り除いてから、フォークでつぶして、滑らかなペーストにします。このペーストに、溶かしたてのバター5オンスとお好みに合わせて調味料をかき混ぜながら加えます。小さなお鍋をごく弱火にかけ、ここに残りのバターを溶かします。バターが泡立ちはじめたら、鍋に残ったバターが完全に澄んだ泡の出ない液体になるまで、この泡をすくい取ります。これが「すましバター」です。壺に入れた脳味噌の表面をならして平らにします。ここにすましバターを注ぎ込み、バターがよく落ち着いたら、羊皮紙を結わえつけて蓋をし、乾燥した冷暗所に保存します（アルミ・ホイルと冷蔵庫を利用すること――ファニーのメモ）。

その召しあがりかたあれこれ

その1．ヴォル・オ・ヴァン（一種の肉パイ）の焼き型ひとつひとつの底および内側にたっぷりこれを塗りつけます。真中の隙間に小さ目の生卵を落します。上から濃い生クリームをかぶせて覆いを作ります。塩・胡椒をふりかけて、強火のオーブンのかなり上段に入れ、10分間、ないしは卵がやっと固まる位まで焼きます。完璧な焼き加減を得るためには、経験を積むほかはありませんので、白身がちゃんと固まっているかどうか確かめるために、生クリームを茶匙の柄で少しどけてみた方がよろしいのですが、決して卵をコチコチにしてしまわないようにして下さい。この珍味が台なしになってしまいます。

その2．ブリオッシュの耳を取ってきれいに四角に切り、その上にバター漬けにした脳味噌を厚く塗ります。胡瓜を、皮をむかぬまま、ごく薄く紙ほどの厚さにスライスし、脳味噌のスプレッドがすっかり隠れるまでかぶせます。塩・胡椒で味付けをして、お茶の時間に殿方にお出しします。

メモ　胡瓜は皮をむかないということに気をつけて下さい。飛び切り繊細な胃袋でも問題なくこなれるようにこうするのです。

その3．黒パンひと切れと白パンひと切れの耳を取ってバターを塗り、間にバター漬けの脳味噌を厚く挟んで小さなサンドイッチを作ります。お出しするときになったら、ひとつずつフリッター用のこね粉をくぐらせ、すっぽりと衣をつけます。軽く煙が立つほど熱い油にすべり込ませ、膨らんでこんがり狐色になるまで揚げます。ドイリーを敷いたお皿に盛り、ひとつひとつに塩をふった上に唐辛子をひとふりし、櫛形に切ったレモンとパセリの小枝を交互にならべて縁取りをします。パセリの小枝は熱い油で30秒揚げてカリカリにしておきます。

フリッター用のこね粉　大匙山盛り4杯の小麦粉に徐々に水を加え、脂肪分の多い濃い生クリーム位の固さのペーストを作ります。使う時になったら卵白を固く泡立てます。これを強くかき混ぜながらこね粉に混ぜ入れ、全体がフワフワと滑らかになった所で使います。

わんぱくパイ

私は常々、あの方（ホームズ様）の部下のいわゆる「ベイカー街遊撃隊」のことを「あのごくつぶしどもが」と心中ひそかに思っておりました。それはよいとしましても、ある時、ご主人様の前でその日のご用を伺っております間に、うっかり口をすべらせてこの私の呼び方を口にしてしまったのでございます。ホームズ様はお笑いになり、書類の山をあちこち動かして片付けたあげく、いっそうの大混乱をひきおこしてから、こうおっしゃいました。「ねえハドスンさん。例のごくつぶしどものために『わんぱくパイ』を作ってやらなければいけないよ。ハドスンさんなら簡単に作れるさ。その気になって全精神を集中した時には、君の料理の能力は無限だと僕は思っているからね」この最後のところはひどいあてこすりでございました。でも自分で蒔いた種だったのでございます。なにしろ、その朝スクランブルド・エッグを拵えたときに、ご主人様はスクランブルド・エッグは普通より水気のある、というより、実際、水っぽいのがお好きだということを忘れて、ご主人様のご機嫌を損ねてしまったのでした。でも、このやり取りのあと、ホームズ様のご提案を考えてみますと、考えれば考えるほど、単に経済のためということからだけでも、楽しくなって来るのでした。そこで、そんなパイを作るのに利用できそうな安あがりな材料をあれこれ考えていたところ、とうとう、よくあることですが、まったくの偶然で理想的なものを思いついたのです。

私はお肉を買おうとして、マーシャル夫人の料理学校があるので有名なモーティマー街の私の一番ひいきにしている肉屋に向っていたところでした。途中、たまたま、豚の内臓とうさぎを売って繁昌している屋台を通りすぎました。豚の内臓というのは、豚の心臓、肺臓、レバー、「うまパン」なのですが、どれも小間切れにして1ポンド6ペンスで売られていました。そして、読者の方の興味のために申し添えておきますと、うさぎの方は、素敵な若うさぎが、皮を剝いで内臓を抜いたものが、丸のままで、つまり、頭はつけたままで、腹にも(内臓を抜いた後も)レバーと腎臓を残して、1シリングでございました。私の行きつけの鶏肉屋には、いつも1シリングと6ペンスを払わされておりましたから、これは大変徳用だと思いました。これだけの値段の開きを見ますと、鶏肉屋が不当利益を得ていた疑いが濃厚でございます。次に記しますのが、ホームズ様のご意見の結果生まれたパイでございます。

◆材料　中位の大きさのうさぎ、1羽（手頃な大きさにブツ切りにし、小麦粉をまぶしておく）。豚の内臓、2ポンド（やはり小麦粉をまぶしておく）。塩。胡椒。ブーケ・ガルニ。固ゆで卵、4個。ふくらし粉入り小麦粉（ふるって）、1ポンド。よく締まった清潔なドリッピング、6オンス。生卵、1個。ごく冷たい水、コップ1杯。塩、きっかり茶匙すり切り1杯。固くなったチーズの端を細かくすりおろして、1オンス。ドリッピング、3オンス。月桂樹の葉、2枚。人参、2ポンド。骨のお出し、1パイント。ゼラチン。

♥作り方　あとで麺棒で延ばす時に楽なように、必要になる直前まで冷たいスレート、石、または大理石に載せて暗がり（冷蔵庫――ファニーのメモ）に置いて冷やしておけるように、先にパイ生地を作ります。大理石の板の上で、小麦粉を塩と一緒にふるい、これをリング状にします。このリングの中にドリッピングを置き、生卵を割り入れ、塩、チーズを加えてから、指を使って周りの小麦粉を少しずつとり込みながらこね合わせ、柔らかくなりすぎないように少しずつ水を加えながら、ちょうどよい生地を作り上げます。これを粉をした清潔なナフキンにくるんで、すでにご説明したように涼しい所に置いておきます。もし冷たい石板の予備をお持ちでしたら、一層確実に冷やすために、生地を包んだ上にそれを載せておくのがよいでしょう。次に厚手の鉄のお鍋を強めの火にかけ、この中でドリッピングを溶かしてジュージューいわせます。小麦粉をまぶした豚の内臓とうさぎを、全体が褐色になるまで炒めます。次にこれを取り出して、鉄の深鍋か何か、オーブンで調理するのに適した容器に入れます（陶製のキャセロールが最適です――ファニーのメモ）。ここに人参とそれに玉葱も細かく刻んで加えます。その上から上質の骨のお出しを注ぎ、ブーケ・ガルニを漬けて蓋をし、ごく弱火のオーブンで（ガス目盛り3、中段で全体がすっかり軟らかくなるまで約2時間――ファニーのメモ）調理します。オーブンから取り出し、手でつかめる位の温度になるまで冷ましてから、うさぎのブツ切りから、肉片を（どんな小さなものも余さず――頭の部分からは頰肉も舌も脳味噌も）むしり取ります。煮汁は漉して別のお鍋に入れますが、分量はもう½パイントよりあまり多くなっていることでしょう。これに水を加えて1½パイントにし、その中にうさぎの骨を全部と、月桂樹の葉を入れます。かまどの端で1時間煮詰めます。その間に豚の内臓、うさぎの肉、野菜を全体にむらのないようによく混ぜ合わせ、ファミリー・サイズのパイ皿(8)の半分ぐらいの深さの所までこれを敷きます。固ゆで卵を縦に¼に切り、パイ皿に敷いた具の上に切り口を下にして並べます。具の残りをパイ皿のへりの少し下の所まで加えます。ここで中央にパイ用空気抜きを置いて下さい。さて、煮つめていたスープが本当に良い香りになった所でこれを漉し、味見をしてから、塩・胡椒でやや強目にお味を調えます。ここにゼラチンを3枚（粉末ゼラチン、½から¾オンスー——ファニーのメモ）を入れてよくかき混ぜて溶かし、パイが焼きあがるまでそのままにしておきます。具の表面に水気の残っていないのを確かめて、生地の覆いを取りつけます。生地は¼インチの厚さに麺棒で延ばします。皮は薄くても、中身にお肉がたっぷり入っていますから、お腹をすかした子供達に与えても心配はありません。延ばした生地をパイ皿にかぶせ、余分のへりはきちんと切り取ります。誰にしても、パイのへりの、皮だけ折り重なって中身が何も入っていないのほど不愉快なものはありません。

パイ用空気抜きの先にあたる所に十字に切れ目を入れ、少し空気を抜くために四隅を折り返してから、表面に刷毛で新鮮な上質の牛乳を塗っておきます。かなり強火のオーブン（ガス目盛り5——ファニーのメモ）で表面がこんがり狐色になるまで焼きます。オーブンから取り出し、作っておいたゼラチン入りのスープをパイ用空気抜きから注ぎ込んでパイ全体にこのスープをしみ込ませます。こうしておきますと、冷えて固まった時にゼリーのようになり、大きな三角形に切り分けることができます。もちろん、不便な点もあります。例のごくつぶしたちはこのパイを目の前にすると、お行儀の悪い食べ方もできると見て取って、清潔であったためしの一度もない手でつかみ上げ、口いっぱいにかぶりつくのです。私はこれだけは我慢がなりませんでした。

辛味をきかせた腎臓《キドニー》料理

ごくまじめなお話、豚の腎臓は朝食の時間の人間様の胃袋にはあまりにこなれが悪すぎると思いますので、このお料理には必ず羊の腎臓をお使いいただきます。同じ理由から、私はいつも朝食の最初のコースとしてオートミールのお粥をおすすめしております。お粥は胃に温かく気持のよい被膜を作って、あとからもっと胃がびっくりするようないただき物が降りてきた時に胃を保護してくれるのです。ホームズ様はこのお料理についてこれといって好意的なご意見を口になさいませんでしたから、ホームズ様の口からこのお料理を作るようにとお勧めにあずかったことがあったという訳ではございません。が、ある事件で一晩中外出されたあとなどは、このやり方で調理した腎臓をほとんど「むさぼる」ように6個も平らげてしまわれたものでございます。そんな折りには、くつろいだガウンに着換えてモロッコ皮のスリッパをつっかけ、髭を当たられると、勇躍この腎臓料理に取りかかられるのでした。

◆材料　2人前として腎臓を最低12。半分にちぎった月桂樹の葉、12枚分。ごく小さいエシャロット、16（軟らかくならない程度に塩茹でしておく）。中位の大きさのマッシュルーム、16（軸は取るが皮はむかずにおく）。「私の辛味」（52ページをご参照下さい――ファニーのメモ）、ボールに1杯。それに、小さなボールにオリーブ油を入れ、てり刷毛を添えておく。

♥作り方　腎臓の被膜をとります。切り離さない程度にぎりぎりまで深くそぎます。長い金属製の焼き串を2本用意し、それぞれに腎臓をひとつずつ拡げて平らに、つまり「鳥が翼を拡げた形」になるように刺します。次に月桂樹の葉、小粒のエシャロット、マッシュルーム、再び腎臓、マッシュルーム、エシャロットの順に刺し、そこから今度は月桂樹の葉を先頭に同じことを繰りかえし、それぞれの焼き串に材料の半分ずつを使い切るまで続けます。両面にてり刷毛でオリーブ油をたっぷり塗り、コンロの火をよくいけてから焼き網をかけ、その上にこれを載せます（かなりの弱火でグリルします――ファニーのメモ）。こうして、約2分間弱火で焼いて下さい。裏返して同じことを繰りかえしてからいったん火からおろし、「私の辛味」をたっぷり塗ってもう一度焼き網に戻して焼きあげます。温めた「私の辛味」の残りをやはり温めた小型の舟形ソース容れに入れ、焼き串から外したご馳走はフランスパンを縦割りにした上に並べます。両端にパセリをあしらって食卓にお出しします。

チーズ料理

スティルトン・チーズ

このチーズの逸品には面白い点がございます。と申しますのも、これぞ正真正銘のスティルトンだという決定は銘々の舌が決めることだからでございます。ですからここでは、この作り方は私の大伯母のタビサ・ジェンキンズが、メルトン・モーブレイの町はずれで、ある奥様にお仕えしていたころ教わったものだということだけを申し上げればよろしいでしょう。その奥様は物を教えるのがお好きな性格で、また、当時の田舎のご婦人がよくしたように自分の雇っている女たちに手伝わせてご自分でチーズを作るのがお好きでした。こうしてチーズを作るある折りに、奥様はタビサがその作り方を憶えるのを許して下さり、タビサはその頃の彼女と同じ身分の女の多くがそうであったように読み書きは不得手ではございましたが、その作り方は決して忘れることはなかったと私に申しておりました。大伯母はその作り方を由来ともどもしっかり頭に刻みこんでしまったのでございます。それを、後に私がお勤めに出てから、話して聞かせてくれたのですが、こんなことでございました。

そのチーズはプールトン夫人という方が作って、クーパー・ソーンヒル氏のところに卸していたものなのですが、クーパー氏はスティルトン村で旅籠「鈴亭」をやっていて、そこで、このチーズを、1ポンド半クラウンで売っていたのですが、それを誰が作ったのかは明かしませんでした。タビサ伯母さんの昔話によれば、そのチーズには乱雑な切り方は決して許されず、実際、その辺りのチーズ・ナイフには、「平らが肝腎」という銘が刻んであり、こうして、切り口を滑らかに切ることによって、今でも物を知らない方がよくしでかすように、ボロボロの切り口からチーズが傷んでいくということを防ぐのでした。それはそれとして、この作り方で作ったチーズは大変よいお味で、ホームズ様にもワトスン先生にもたいそう気に入っていただきました。

大伯母は教わったとおりの作り方を私に教えてくれたのですが、それはこうでした。

7頭の牛から1回の乳搾りで取った牛乳を用意します。次に7頭の牛から1回の乳搾りで取った牛乳から取れた生クリームを用意し、この生クリームに熱湯を注いで人肌の熱さにします。お好みに合わせて牛乳に塩味をつけます。牛乳と生クリームをよく混ぜ合わせます。レンネット*を充分加えて両方を固まらせます。次にリンネルの布を2枚水で絞っておきます。牛乳と生クリームが固く凝固したものをごく薄く切ります。準備したそれぞれの布に半分ずつのせ、四隅を結び合わせて1時間棒か鉤に吊しておきます。これをおろしたら、桶に雨水を張った中に浸します。1時間そのままにしておきます。それからもう一度吊して水が滴り落ちて乾くまでそのままにしておきます。チーズ用の大桶の内側にできるだけ目の細かいバター・モスリンを敷き込んで、そこに両方の布の中身を空けます。桶の縁にではなく、内側のチーズの上にぴったり載るような蓋をします。蓋の上に軽い重しを載せます。24時間のあいだ1時間ごとに重しを増していきますが、重しを加える前にまず蓋を取って、水気を切るようにします。引き締まったクリーム状の固さが得られないときは、最大限30時間まで圧力を加え続けて下さい。チーズを桶から取り出します。慎重にしかもきれいにモスリンを剝がしてから、しわなくピンと張った清潔な別のモスリンの上にこれをおいて、すっぽりくるみます。このようにして、ワインを貯えておくのと同じ温度、つまり54度（摂氏約12度）でチーズ室の棚においておきます。

★ファニー・クラドックからのご注意　こうしてできあがったチーズは恐らくホワイト・スティルトンだとは思いますが、あるいはまた、まさかとは思いますが、長い時間熟成させることによってブルー・スティルトンができるかも知れず、著者はそのどちらであるかは明記いたしかねます。

チェシャー・チーズの壜詰

ホームズ様の取りかかっておられる事件が長びいて、「ちゃんとしたお食事」をなさるように口を酸っぱくして申し上げても長いことそれがおできにならない時は、きまってせわしし気にこうおっしゃるのでした。「パンをひと切れ持ってきてくれたまえ、ハドスンさん。君の例のバターを塗ってね。それに例の素敵なチェシャー・チーズの壜詰を厚く切ってのせておいてくれたまえ。そいつがあれば身体はもつさ」

◆材料　最上の白のチェシャー・チーズ、3ポンド。（できれば手作りの）バター。カナリア・ワインあるいは辛口のマデイラ・ワイン、5½液量オンスのワイングラス1杯。メースを原形を留めぬほどに砕いて、½オンス。すましバター、2オンス。

♥作り方　チーズを小さく切ってバターと一緒に乳鉢に入れ、全体がねっとりするまですりつぶしてから、カナリア・ワインまたはマデイラ・ワインとメースを加え、全部がむらなく混ざり合うよう再びよくつぶします。石の壺または壜に詰め上をすましバターで覆います。羊皮紙を結わえつけて蓋をし、冷暗所に保存します。

すましバターを作るには　小さいお鍋にごくゆっくりとバターを溶かします。ブツブツと泡立ってきたら、最後に透明な液体しか残らなくなるまでその泡をすくい取ります。2オンス作るのに少なくとも7オンスが必要でしょう。

★ファニー・クラドックからのご注意　カナリア・ワインは女王エリザベス一世時代から19世紀半ばまでたいへん珍重されました。元来カナリア諸島から渡来したものですが、ぶどうねあぶらむし（ぶどうの大害虫）のためにまったく姿を消してしまいました。

お弁当に最適のチーズと玉葱のパイ

ホームズ様は旅行にお出かけの時には、汽車の中でお使いになる「弁当かご」を欠かすことができませんでしたが、その中によくこのパイをひと切れか二切れつっ込んでおくのが私の習慣でございました。

◆材料　パイ生地、1ポンド。白のチェシャー・チーズ、1ポンド。バター、¼ポンド。辛口の白ワイン、¼パイント。濃い生クリーム、¼パイント。風味付けのための挽き立ての黒胡椒。よく泡立てた卵、2個。ごくごく薄くスライスした玉葱、1ポンド（厚手の鉄のフライパンにこれとは別にバター2オンスをとり、このバターが黒くならないようにオリーブ油を大匙1～2杯を加えてからごく弱火にかけ、玉葱はこの中でしんなりと黄金色になるまで炒めておく）。

♥作り方　チーズにバターを加え、全体がねっとりするまでよくつぶし、黒胡椒でかなり強めに風味をつけてから、慎重にゆっくりとワインを混ぜ入れ、次に同じ要領で生クリームと卵をまぜ入れます。玉葱を弱火でしんなりさせていただくにはかなり時間がかかりますから、ここまでのことはその間にやって下さい。またこの間にパイ生地の半分をごく薄く延ばし、中ぐらいの大きさのパイ皿の縁まですっかり隠れるように内側に敷き込み、縁の部分の生地の裏側に水を少しつけて湿します。玉葱をよく炒めたら余分の油をよく切ってから、強くかき混ぜながらチーズに他のものを混ぜ合わせた中に加えます。これをパイ皿に詰め、生地の蓋のつっかい棒になるように中央にパイ用空気抜きを置きます。残りの半分の生地を麺棒で延ばしてパイ皿の上面と同じ位の大きさにします。これをパイ皿の上に被せ、今度は下になった生地のへりをさきほど同様水で湿します。2枚のへりを親指と人差し指で強くつまみ合わせて、ぐるりにみぞをつけます。蓋にパイ用空気抜きがつかえている部分を小さく十字に切ります。四隅を折り返してから、蓋の全面に生クリームを塗り、強火のオーブンに入れてこんがりと狐色によく膨れるまで焼きます（ガス目盛り7、中央より一段上――ファニーのメモ）。よく冷ましてからお切り下さい。

スイスの山小屋料理ラケット（ラクレット――ファニーのメモ）

ご存知のことと思いますが、ホームズ様はスイスを訪れる機会が何度かおありになり、一度などは、すんでのところで悲惨な結果になるところでした。スイスのある「州」（という言葉をご主人様はお使いになりました）でご主人様はこのお料理を私のために仕入れてきて下さったのでございます。私は確実に上手にできあがるように、このお料理の場合はいつもことのほか注意深く居間の暖炉の火を起したもので、石炭の粉を（小粒の石炭が燃えている上に）層にしてかぶせて火をすっかりいけてしまってから、その石炭の粉にパラフィンを数滴たらして湿し、火つきをよくし、しかもとてつもない高い熱を出すようにと心くばりをしたものでございます。こうしておいてから、私は小さいウェンズデール・チーズの半分を皮つきのまま手にとって、火に当ててもビクともしない大皿をこの真赤になった石炭の前に置いた上に、それを並べたのでございます。実際、ホームズ様は酷寒の時候に家にお戻りになるといつもそうなのですが、大股で暖炉の所に歩いて行かれ、細長いやせた手を炎にかざされるのでした。そして、もしその晩が「ラケット」だとなると、こう叫び声をあげられるのでした。「雄牛の丸焼きでもできそうな火力じゃないか」「いやまったく君のいうとおりだよ、ホームズ君」とワトスン先生は相槌を打たれ、私はお支度を進めるのでございました。お支度は簡単至極でございます。チーズの切り口の方を火に向けておきますと、チーズは軟らかくなり、そのうちに溶け出して小さな筋になって大皿の上に流れ落ちることでしょう。ですから、このやり方を真似る方は、大皿は本当に大きなお皿でなければならないということをしっかり心に留めて置いていただかなければなりません。お皿に充分な量が溜って、噴火口の中の溶岩のようにあぶくが膨れあがっては破裂するようになりましたら、私がいたしましたように温めておいたお皿に、銘々にホクホクのジャガイモを二つ三つ盛ってお渡しいただきます。このようにいたしますと私のところの紳士方は、ジャガイモがすっかりくるまれてしまうまでこのチーズの溶岩をこねつけてはフォークで口に運び、続いてこれまた私がお二人の傍に用意しておきましたバター付きトーストの細切りに手を伸ばされるのでした。チーズの溶岩がなくなりますと、間髪を入れず私がチーズの切り口を石炭の方によせるという風にして続けてまいりますと、おしまいにはご主人様がこう叫ばれるのでした。「もう充分だ、ハドスンさん。その辺でやめにしてくれたまえ。さもないと今夜の君のごちそうの味がわからなくなってしまうよ！」

食後のお菓子

ホームズ様からうかがったお話

開放的な気分になられたときは——残念ながらそうしばしばというわけにはまいりませんでしたが——ホームズ様は例の有名な居間でお夕食を召しあがりながら、「この話は君も聞いておいた方がいいよ、ハドスンさん」という滑り出しで、どんなに多くの世界的に有名なお料理が調理の上での偶然によって産み出されたか、ということをワトスン先生に向って詳しくお話しになるのが常でございました。

ご主人様の解説の最も有名なもののひとつに「びっくりスフレ」とか「ノルウェー風オムレツ」とか呼ばれるものを発明なさったラムフォード[*]伯爵とかいう方に関するものがございました。

この伯爵については、ホームズ様が例の博学なお話しぶりで話題になさるのを耳にする機会がそれまでに幾度もあり、この方が科学者であると伺っておりましたので、どうしてそんな方がお料理と関係があるのかしらと私には不思議に思われました。けれども話の本筋に取りかかられるや、ホームズ様はこう解き明かして下さいました。「ラムフォード伯爵は当時パリに住んでいて、断熱効果についてあれこれ実験をしていたんだ。そんなある朝、伯爵は突然実験室から飛び出してきて夫人に向って大声でこう言ったんだ。『すぐにボンネットを被るんだよ、お前。これから買物に行くんだ』とね。そうして伯爵は夫人を一番近いマーケットに連れていって奇妙なものをひと揃い買い揃えた。つまり、カマンベール・チーズ1個、卵1ダース、それに大きな氷の塊をひとつだ。これを持って伯爵と奥方は大急ぎで家に帰った。家についてから、伯爵夫人はご主人のいいつけで、卵を黄身と白身に分けて、白身の方を大きなボールに入れ、北向きの部屋の窓のところに置いて風にあたってよく冷えるようにしたんだ。これはかき混ぜた時によく泡立つようにするための下準備なのさ。そうしている間に、伯爵の方は大きな氷の塊をせっせと砕いて小さなかけらを作った。これがすむと、伯爵はカマンベールを金属の皿に載せて冷蔵箱に入れ、完全な氷詰めにしてしまった。そして数時間チーズをそのままにしておいてから、伯爵はもう一度夫人を呼んで、卵の白身をうんと固く泡立ててくれるように頼んでおいて、自分は台所のかまどに——いやわがイギリスの優秀なかまどになんとか相当するものはフランスでは何なのか知らないがそいつに薪を詰めたのだ。そのフランス風の仕掛けの、われわれのオーブンにあたる部分が、精一杯の温度になると、伯爵は手早くチーズを氷の下から取り出して、それを固く泡立てた卵の白身の中に深く突込み、オーブンの中にするりと入れたのだ。「その晩、伯爵は夫人と一緒にある非常に有名なレストランで夕食をしている時に、そこの主人に自分のした事を話して、最後をこう結んだのだ。『数分してから皿を取り出してみるとチーズの周りのメレンゲはこんがり狐色になっているのだが、チーズは氷のように冷たく、固く凍ったままなのだ』」

「するとレストランの主人は、自分の所のシェフにもこの驚くべき話を聞かせたいから、ラムフォード夫妻の食事がすんでからレストランに彼を呼び入れるのを許してほしいと頼んだ。ところが、そのうちにこの男が現れたので、主人がこの話を話して聞かせてみると、何とこの男の方も自分が初めて作った『びっくりスフレ』を胸を躍らせながらテーブルに運んで来た所だったのだ。彼はカマンベールの代りにアイスクリームを使い、卵の白身には砂糖を加え、さらにアイスクリームをジェノイーズというスポンジ・ケーキの土台に載せたのだ。できあがった菓子をたった今、伯爵夫人の目の前に置いた所だったのだ」

こうしたお話をなさるとき、ホームズ様は締めくくりに必ずこう宣言なさるのでした。「作り方に間違いがあるといけないから、明日の朝、下におりて行ってどうやって作ったかを教えてあげよう、ハドスンさん」そんなわけで、もっと手の込んだ作り方もあることをホームズ様が教えて下さったのは翌朝のことでした。それは、外側をつつむペーストに特別なものを使うやり方で、砂糖シロップと卵の黄身を混ぜ合わせ、それを泡立てたメレンゲに加えるのでございます。

「しかし」とホームズ様はおっしゃるのでした。「これに手を伸ばす必要はないよ。今のだって充分甘くて、いざ若いご婦人をおもてなししなければならない段になったら、われわれには充分すぎるほど大甘だろうからね」これはワトスン先生が未来の奥様にお会いになる前のことでございますから、もしかするとご主人様はお噂どおりに千里眼の持主でもいらっしゃったのかも知れません。

オーブンの温度が適切なら、5分以内にスフレは全面がこんがり狐色になっていることでしょう。大きな金属のお皿にあらかじめ綺麗なドイリーを数だけ敷いておき、できあがったらすぐさまこれに盛ってお出しします。奇抜な趣向かもしれませんが、花束や花の小枝をあらかじめ用意しておき、お皿に盛る時にこれを外側の（冷たい）お皿のへりに置いて見るのも、若いご婦人には感じが良いかもしれません。切って見ると——伯爵がカマンベール・チーズで実験なさったように——中のアイスクリームは完全に固いままなのがおわかりになるでしょう。まったく驚くべきことでございます。

★ファニー・クラドックからのご注意　現在のガス・オーブン——著者としてはこれ以外のものでお料理をするなど考えられませんが——をお使いの場合、このお料理の時こそプレ・ヒートしておく必要があります。15分間プレ・ヒートしてから、一番上の段で最長3分15秒焼いて下さい。大変に買い被られているこのお菓子の正確な名前は「ノルウェー風オムレツ」と言うのが正しく、

「アラスカの丸焼き」（ベイクド・アラスカ）などというインチキな名前で呼ぶのは正に告発さるべき罪悪です。偉大なお料理をまるで不正確な名前や偽の名前で呼ぶことほど、正統な料理道にもとるいまわしい罪悪はありません。

シャーロック・ホームズ氏のプラム・ダフ

些細なことがあとあとまで尾を曳く場合には、念を入れて事を行わなければなりません。小粒の種なし干しぶどうは軽くひとつかみの小麦粉をまぶして念入りに水気を切り、乾いた布巾できれいに拭かなければなりません。小麦粉はふくらし粉入りの小麦粉を3回ふるったものでなければなりません。スエットは純粋な牛のスエットを使い、とびきり細かく刻まねばなりません。延ばして焼き菓子用の生地を作る時のように固い生地にこねあげるのに使うのは、うんと冷たい水でなければなりません。こねあげたものをくるむ布は目のつんだオランダ布*を使い、よくバターを塗ったバター・ペーパーを敷きこまなければなりません。こういったことが、例の料理番が最初にこの作り方を教えてくれた時に私がとったメモの内容でございましたが、実際これらは「最重要事項」であることが後になってつくづくわかりました。

◆材料　粒の細かいサルタナ（小粒の種なし干しぶどう）、6オンス。ふくらし粉入り小麦粉、10オンス。塩、軽くひとつまみ。細かく刻んだ牛のスエット、5オンス。つなぎに使う冷水。

♥作り方　小麦粉をふるって大きなボールに入れます。細かく刻んだスエットを指で混ぜ入れます。（いうまでもなく指は一点非の打ち所なく清潔でなければなりません。）次に全体にまんべんなく行きわたるように気をつけながらサルタナを混ぜ入れます。中央にくぼみを作り2液量オンスほどの水を注ぎ入れてから食卓用のナイフでこね合わせはじめ、少しずつ水を加えながらしっかりした生地を作りあげます。生地を丸めてお団子を作り、バターを塗ったバター・ペーパーを何枚か使ってこれをくるみますが、お団子は蒸している最中に膨張しますので、紙は一部分重なり合うようにしておきます。オランダ布でゆるく包んで、しっかりと結びます。全体がすっぽり漬かるようたっぷりお湯を張った湯がまに入れて、ぐつぐつと2時間半茹でます。包みをほどきます。ごしごしと擦ってきれいにした調理用テーブルの上で紙を剝がします。ダフをアントレー皿に盛ります。バルバドス産の黒砂糖を軽く上からふりかけます。ダフを（あらかじめサイド・ボードの所でスライスしてから）配って歩くときに、同じお砂糖を別に小鉢に入れたのと、ジャージー種の生クリームをよく磨いたクリーム容れに入れたのと一緒にお渡しして下さい。

★ファニー・クラドックからのご注意　今日では、こうしたお菓子は、バター・ペーパーでゆるく覆いをした上からさらにアルミのキッチン・ホイルを被せた中で3時間蒸して作ります。バター・ペーパーの中央にひだをつけておきますと、ボールのまわりをおさえて輪ゴムでしっかり留めてしまっても、中央が開いて行くので中のお菓子が膨張しても大丈夫ということになります。スエットは市販の包みになっている品を使い、もし書いてあるとおりのお砂糖と生クリームが手に入れば御同慶の至り。

パンケーキの正しい作りかた

私がまだごく幼くて奥様のお屋敷のお台所で料理番の見習いをしておりました時でさえ、「パンケーキを宙に放って裏返す」などという悪弊が馬鹿げたものであることは教えられたものでございます。料理番が賢明にも申していたことであり、また後になってから、かの比類なき偉大なA・B・マーシャル夫人が口になさるのを聞いて知ったことでもありますが、「もし、宙に放って裏返すことができるほど厚ければ、そんなパンケーキを放る所はただひとつ――ゴミ捨ての中へ！」なのでございます。

私がはじめて本当の作り方を習いました時には、はじめ私はテーブルにもたれて立って料理番がこね粉を作りあげるのを見学しておりましたが、このこね粉の本当の作り方というのがまた、どんなイギリスのあるいはスコットランドの料理の本にも見あたらず、ひとり、A・B・マーシャル夫人の本にのみ載っているものなのでございます。さて、自分で作り終えると、料理番はこね粉を持ち去って、食料貯蔵室の大皿の下に入れてしまいました。「寝かせておく必要があるからってわけじゃないんだよ」と料理女はわけを話したのでございます。「作ってすぐ使ったって構やしないんだからね。これはね、お前、お前を試験するためなのさ」そう言って料理番は私に記憶をたよりにもうひとつこね粉を作らせたのでございます。今度は彼女が私のすぐ前に立って私の仕事ぶりを観察する番で、私は木しゃもじを手に持って木のボールをかき混ぜるのですが、水っぽくなってはいけないので最初はゆっくり加減にそして最後にこね粉が本当にゆるくなると、力いっぱい、速くかきまぜたのでした。これがすむと、料理番は底の平らな浅い鉄鍋をおろして、それをかまどの熱のごく弱い部分に置きました。「次の準備ができるまであたしておくんだよ」と料理番は申しました。「鉄が熱くなるようにね」そう言うと彼女は食料貯蔵室に行き、塩をしていない生の豚から取った脂をひとかけ持ってきました。「使う脂はこれだけだよ」と彼女は説明してくれました。「鍋が熱くなったら、この脂のかけらを『骨を惜しまず脂を惜しみ』一生懸命こすりつけて鍋を磨くのさ。脂を鍋につけたときジュッと言うようなら鍋は準備完了ということさ」その頃、まだ奥様が私の教育をお引き受け下さる以前によく私が口にしておりました言い方をすれば、こうして料理番は私に料理を「おせえて」くれたのでした。私たちは仕事に取りかかったのですが、彼女がひとつお鍋を持ち、私はちょっと遅れて彼女について廻って彼女のすることを観察し、並んで同じことをしたのでした。

まずお鍋に豚の脂を一生懸命塗っておいてから、泡立てていない生クリームほどにゆるいこね粉をそばにおき、料理番は鍋の手前を持ち上げて少しかしげておいてから、この泡立ててない生クリームほどにゆるいこね粉を鍋の手前から流しこみ、こね粉が脂を塗った熱いお鍋の底を流れて、薄い滑らかな膜になるようにしたのでした。

「うちのパンケーキには真中にブツブツは要らないからね」と彼女は解説しました。

次に二人ともお鍋を（蓋を閉じた）かまどの中火の部分に戻し、へりが固まるまでほんの少しの間待ちました。「もうおわかりだろう、お前」と料理番は申しました。「この厚さのパンケーキを宙に放って裏返すことなどできっこないってことが。もっともぐしゃっと落ちて来て、鍋の中央で濡れたシーツみたいになっても構わないというなら話は別だがね」そう言いながら料理番は金べらに豚の脂のかけらを塗り、それをこのごく薄いパンケーキの下にすべり込ませ、ゆっくり、しかしやすやすと裏返しました。

「さて、裏はほんの二、三秒でいいのさ」と彼女は教えてくれました。「それ以上焼く必要はないよ。二、三秒したら、油を塗った午後のお茶用のお皿を上向けにおいた上に空けて、その上に濡れ布巾をかぶせてからもう一枚お皿を伏せてかぶせて、へりが縮れてこないようにオーブンの一番温度の低い所に入れて温めておくのだよ」

私がやると最初のは破れてしまい、二枚目のも目もあてられないことになってしまいました。料理番は私がこね粉を無駄にするので怒った風に舌打ちをしていましたが、それでも続けさせてくれました。こうして、三枚目で何とか面目を保てる程度に裏返すことができ、五枚目には料理番のと少しも変わらないほど薄くて焦げ目のないパンケーキを作ることができました。

それ以後私はパンケーキを作って失敗をしたことがございませんが、それと申しますのも、料理番が「ちゃんと正しい作り方を」、彼女の口吻で言えば「おせえて」くれたからでございます。

料理番直伝のパンケーキ用こね粉

◆材料　卵（普通の大きさ――ファニーのメモ）、2個。別に黄身だけ1個。ふくらし粉入り小麦粉（ふるって）、5オンス。牛乳、少々（できれば薄い生クリームと牛乳の方が良い）。オリーブ油（他の油はだめ）、茶匙2杯。

♥作り方　小麦粉をふるって大きなボールに入れます。中央にくぼみを作り、ここに生卵、別に用意した黄身、オリーブ油、それに牛乳を大匙に2、3杯入れます。牛乳はこね合わせて非常に固いこね粉ができるぐらいの分量にしておいて下さい。この段階ではまだ強くかき混ぜることはしません。次に牛乳と生クリーム（ふだん召しあがるのには牛乳だけでもよろしいでしょう）を少し――大匙1杯ずつぐらい――加えながらかき混ぜますが、こね粉が薄まるにつれて速度を速めていき、最後は休まず速い速度でかき混ぜるようにします。こね粉が薄い泡立てない生クリームぐらいの固さになったらかき混ぜるのをやめ、先にご説明した要領でこのこね粉をお使いいただきます。懺悔の火曜日*には、きまってこのやり方でホームズ様にパンケーキを作って差しあげたものですが、またその懺悔の火曜日に私がお二人にご昼食を差しあげようとする時になるときまって、例の警察の方がたまたま何かつまらぬ事件の捜索で近くを通りかかられることになるというのは本当に驚くべきことでございました。いつもきまってそうだったのでございます。警察の方が戸口にお見えになると、「あの子」が上にご案内してからおりてきて、こう私に言うのでした。「今年もまた来たよ。Hさん。去年と同じだね」そして私も諦めてこう言いつけるのでした。「もうひとり分お席の用意をおし。ただナフキンは2番目のを使うんだよ。なぜってあの方ときたら手あたり次第のナフキンで髭をお拭きになるものだから、ナフキンがみんな汚れてしまうんだよ。野蛮な方でテーブルマナーというものをご存知ないんだから」

それから私は仕事に取りかかり、追加のパンケーキを作るのでした。すると果たせるかな、お皿に盛ってお出ししようというちょうどその時に、呼鈴が鳴って「あの子」が上にあがって行き、戻ってくると「あの人、いつもみたいに言ってるよ」と手短かに言うことに話は決まっていたのでございます。

読者の方は私が大袈裟に話しているとお考えになるかもしれませんので、私としては明言させていただきますが、あの警察の方のために18個ものパンケーキをお作りしたことが一度ならずあるのでございます。なにしろあの方はパンケーキをまるでお茶の時にお出しするタマキビ貝かなんぞのようにがつがつと召しあがってはお代りをお求めになるのですから。

ホームズ様はパンケーキの召しあがり方に関しては「非正統派」でいらしたと申し上げてよいかと存じます。ホームズ様にはレモンの薄切りと、ほかに素敵な銀の振りかけ器にグラニュー糖を入れてお出しするのではいけませんでした。いや、だめだ、ときめつけられるのでした。「レモンが合うのはラプサング・スーチョンと言ったような紅茶さ。僕は搾り立てのオレンジジュースを小さなコップに1杯とバルバドス産の砂糖（〝粗糖〟と食品商の間では呼ばれているんだ）を小鉢に1杯もらいたいね。できれば砂糖は黒味がかった濃い褐色のやつが良いんだ。淡い褐色のでも白よりはましだがね」

実際、ホームズ様はとてつもなく「味にうるさい」方で、フランス人たちの言う「グルメ」でいらっしゃいました。

あばたのディック《スポッテッド・ディック》*

お二人のうちで食欲旺盛な大食家はいつもワトスン先生の方でございました。ホームズ様の方がずっと美食家ではいらっしゃいましたが、お二人はおたがいにない物をお持ちだったのでございます。と申しますのも、下品な言葉遣いを許していただけば、ワトスン先生が「かき込む」ようにして何でもお腹に詰めこまれるのに対して、ホームズ様は微妙な珍味には素早く手を伸ばされますし、手抜かりがあった時には、すぐそれを指摘されるので、私は少しも気を抜くことができなかったのでございます。このお菓子のようにこってりしたものの場合には、ワトスン先生のお蔭で「あの子」と私がいただくほどの分量が残ることはめったにございませんでした。

◆材料　ふくらし粉入り小麦粉（ふるって）、10オンス。ベーキング・パウダー、大匙山盛り1杯。皮を除いたスエットを細かく切って（市販の包装してある品を使う――ファニーのメモ）、5オンス。小粒の種なし干しぶどう、4オンス（小麦粉をデザート・スプーン1杯振りかけてきれいな布巾に包み、よく揉んでお店でついたゴミをきれいに除いておく）。つなぎ用の冷水。柔らかい黒（粗）糖、小鉢に1杯。溶かしバター、水差し1杯。

♥作り方　小麦粉とベーキング・パウダーを一緒にふるい、ボールに入れます。スエットを指の間からひねり落すようにして全体にむらなく散らします。干しぶどうも同じようにします。水をつなぎにしてしっかりした生地を作り、これを大きなソーセージの形にし、バター・ペーパーを並べた上に置いてからすっぽりとゆるくこれにくるみます。さらにきれいな白い布巾でこれもゆるくくるみ、両端をしっかりした紐で結わきます。銅がまにお湯を沸騰させておき、その中にこれをつけます。薪を絶やさぬように気をつけて、2時間お湯を沸騰させ続けます。温めておいたお皿に盛りつけて下さい。他に添えてお出しするものは別のお皿でお配りします。

★ファニー・クラドックからのご注意　ボールの内側にバターを塗り、バター・ペーパーとアルミ・ホイルで蓋をした中で2時間半蒸します。

マーシャル夫人風アップル・フリッター

私はこのフリッターを作るといつも、あの偉大なアグネス・バーサ・マーシャル夫人のお料理教室に、生徒の聴衆のひとりとして出席した素晴らしい経験を思い出します。熱心な生徒がびっしりと座席を埋めていましたが、座席が下の教壇の部分より高くなっているので、一番上の列の生徒でさえ、この美しく才能豊かな婦人が、忘れられないその日一日、調理をしたりお話しをしたりなさるのを見ることができるのでした。夫人はとてもきれいな家庭着を着ていらっしゃいましたが、その裾には優雅な編んだひだべりがついていたのを憶えております。しかし、夫人はとても手際がよくてきぱきとしていらっしゃるので、決して床にハネを飛ばしてそのきれいなひだべりを汚すようなことはありませんでした。また夫人は私たち料理を仕事としている者の目から見てエプロンといえるようなものはなさっていませんでした。ただフリルの飾りのついた可愛らしいものをほっそりした腰に結んでいるだけでした。

さて、私はそれまでいつも卵と牛乳と少量の水でこね粉を作っておりましたが、マーシャル夫人を見ていて、私はすぐに自分のやり方の間違いがわかりました。まず夫人はリンゴ——もちろんいたんだところのないブラムリー種です——から拵えはじめました。皮をとび切り薄くむいてから、新式のリンゴの芯抜き器をぐいと中央に押し込んでもう一度引き出すと、芯が全部その中に取られてくるのです。これを半インチの厚さにスライスしますと、もちろんこれは生ですが、私たちにおなじみの円い乾燥リンゴと同じ形のものができました。それから夫人はちょっと手を借りたいからと聴衆をひとり呼び出されました。私は自分が出たいとは思いましたが、そんなに沢山の人々の目にさらされる勇気はとてもございませんでした。夫人はその方に向って「リンゴをひたしておく液を作って下さい」とおっしゃいました。これは変色を防ぐための漉したレモンの搾り汁1個分に、安い料理用ブランデーを大きい大匙1杯と砂糖大匙1杯を加えたものでした。「さて、これは」とマーシャル夫人は説明なさいました。「このまま30分つけておきます」マーシャル夫人は実際おきれいな方でしたが続けてこうおっしゃいました。「次に必ず素敵によく膨らむこね粉を作りましょう」そう言いながら夫人はごく肌理の細かいふくらし粉入りの小麦粉を大匙に山盛り4杯計ってボールに入れました。それから中央に窪みを作ってオリーブ油大匙1杯を入れてから冷たい水を使ってのばしながらとても濃いこね粉を作りました。夫人はこの水っぽい生地ぐらいのものにお皿をかぶせて蓋をして30分間寝かせておき、その間に助手の方に卵の白身2個分を固く泡立てさせました。そして私たちを楽しませるために、優雅に整えた自分の髪の上でボールを逆様にして、泡が本当に固く泡立っていることを説明して見せて下さいました。最後に夫人は卵の白身を固いこね粉に混ぜ入れ、そのお蔭でこね粉は少し軟らかくなりました。それから小さなボールを下にうけ網で輪切りにしたリンゴの水気を切りました。次にリンゴを1枚ずつこね粉にくぐらせ、すっぽりこね粉でくるんでしまいました。これをするのに夫人は木の焼き串の丸い方の端を使いましたので、そのまま持ち上げて、純粋なオリーブ油をたっぷり、ほとんど煙が出るほど熱くお鍋に熱した中に移しました。「油の温度をうまく調節して、こね粉とリンゴが芯まで揚がるようにしなければなりません」と夫人は説明してそれからこう付け加えられました。「こんがりと黄金《きん》褐色になったら仕上りです」夫人はリンゴを油からあげるといったんしわを付けた薄葉紙の上に載せ、それからすてきなドイリーを敷いた銀のお皿に少しずつ重ね合わせるようにしてきれいに一列に並べ、最後にアイシング・シュガー*を篩に入れて上から振りかけたのですが、このとき夫人はまんべんなくふりかかるように、篩の腹を一本指で軽く叩いていました。驚いたことにリンゴの浸し汁をとても小さな銅鍋に入れ、アプリコット・ピューレーをデザート用スプーンに2杯加えてから強い火――夫人は新式のガスコンロを使っていました――にかけてかき混ぜ、温まってくると今度はブランデーを大匙にもう1杯加えてから、彫物の施してある素敵な銀の水差しに入れました。「このようにして食卓にお出しします」と夫人は締めくくられました。それから私達がよく見ることができるようにお皿が廻されました。お皿と一緒に追加分のアイシング・シュガーが小鉢に入って廻って来ました。私は何人かの人々に混じって幸運にも一口お味見をすることができました。これ以後というもの私はアップル・フリッターはいつも――勝手な呼び名をつけさせていただけば――「マーシャル夫人風」に作らせていただいております。それはお二人の紳士からも、そしてまた折りよくお昼どきに来合わせた方々からも必ず最大級のお賞めの言葉をいただいております。

ディナー向きのファンシェット

　ワトスン先生が婚約なさった時には、皆様ご一緒に晩餐をしてお祝いをなさいましたが、その食後にこのおいしいお菓子をお出しいたしました。未来の花嫁はこれがすっかりお気に召して、作り方を教えてほしいと後になってからご所望になられたものでございます。もちろんお教えいたしましたが、こんなことを申すとかえって失礼にあたるかも知れませんが、奥様になられる方は本当に物覚えがよく、華奢で器用な指先をお持ちでいらっしゃいました。

◆材料　ごく目の細かいグラニュー糖、¼ポンド。卵黄、12個。ごく肌理の細かいふくらし粉入り小麦粉、¼ポンド。塩、ひとつまみ。ノワイヨー(9)（強精飲料の一種）、茶匙1杯。卵白（余り新鮮すぎぬもの）、3個分。目の細かいグラニュー糖、先のとは別に3オンス。ソフトに仕上がる特製生地、½ポンド（227ページをご覧下さい。以下の部分を変えるほかはこのペーストの作り方どおりにして下さい。──唐辛子とパルメザン・チーズを抜いて、グラニュー糖3オンスを加えます）。飾りにするための風味の良い砂糖漬のフルーツ（今日の糖衣を被せたフルーツ——ファニーのメモ）。濃い生クリーム、1/2パイント。

♥作り方　私の特製生地を拵えます。次に必ずこれを食料貯蔵室の冷たい石板の上で少なくとも1時間（家庭用の冷蔵庫で30分――ファニーのメモ）冷やします。このペーストを麺棒で1/4インチ足らずの厚さに延ばし、直径9インチの特大パイ焼き鍋のようなパイ皿に敷き込みます。この特大パイ焼き鍋はロンドン西1区モーティマー街31－32にあるマーシャル夫人料理学校の購買部(10)でお求めになれます。生地の裏に小麦粉をつけておく事だけは忘れないで下さい。麺棒で圧して不要部分を取り去り、生地のへりがパイ皿の溝でピッタリと留まるようにします。大きな円形の油紙を敷きます。縁の所まで一杯になる位たっぷり豆を入れ、強めのオーブンで焼きます（ガス目盛り5、中段で16分――ファニーのメモ）。オーブンから取り出したら豆と油紙を除きます。パイ皮を5分間弱火のオーブンに入れ、底の部分をすっかり乾かします。

さて、今度はもっぱら詰め物の方に取りかかります。小麦粉と砂糖を混ぜ合わせ、そこに卵黄を混ぜ込みますが、このとき、はじめの内は木しゃもじの背を使いますが、全部を混ぜ込んだら、こんどは泡立器を使って5分間休まずかき混ぜます。鍋を二重にして下の鍋にお湯を入れた中に上の鍋を載せ、この中にこれを空けます。ここに塩と生クリームを加えて、とろ火にかけ、全体に濃度がついて滑らかになるまで丹念にかき混ぜます。ノワイヨーを加えます。ボールに砕いた氷を入れ、この上に上の鍋を載せてかき混ぜ、よく冷やします。冷めたら、これをパイ皮に流し込み、表面をきれいにならします。分量の卵白をごく固く泡立てます。固く泡立ったら、その一部分をボールの片側に寄せ、ここに2番目の分量のグラニュー糖を振り込みます。静かに混ぜ合わせて下さい。絞り袋に飾り模様のつく幅広の口金をつけ、そこにこれを入れて花形模様に圧し出し、表面を傾斜をつけた円屋根型のメレンゲで覆います。もう一度、ごく弱火のオーブン（ガス目盛り1、最下段――ファニーのメモ）に入れ、メレンゲが固まってごく薄いベージュ色になるまで待ちます。これを取り出してさまします。お出しする直前にメレンゲのてっぺんに、アプリコット、パイナップル、グリーンゲージ*といった砂糖漬のフルーツを飾りつけて下さい。

プリンス・アルバートのプディング

どうしていったい私などが殿下のプディングの作り方を知っているのかと不思議にお思いになるのもごもっともなことと存じますので、いささかうしろ暗い所のあることではございますが、そのわけをご説明いたします。実は、私の友人のベッシー・スピアーズは長く王室にお仕えしていた関係で、サンドリンガム宮殿のシェフのひとりから聞き出したのでございますが、彼女はこの男と懇ろになっていたのでございます。彼女は決して他の人には漏らさないようにと厳命してから、それを私に打ち明けてくれたのですが、もちろん私といたしましても、これまで他の方にお話ししたことなどございません。先日、ベッシーが泊りがけで私のあばら家にやってまいりまして、二人でひと晩この件について真剣に話し合いました。そして結局のところ、長い年月も経ていることですし、これをお話ししたからといって、彼女にも私にも不都合の起こることはあるまいと彼女は結論したのでございます。何と申しましても、ことが王室に関わる場合は、慎重の上にも慎重を期さねばなりません。

◆材料　ミルク・ローフで作った目の細かい柔らかいパン粉を、½パイントの温めた生クリームで溶いて固い粥状になる分量を用意する。大きいレモン1個の皮を薄くむき、ごく細かくみじんに刻んだもの。グラニュー糖、2オンス。挽いたシナモン、ひとつまみ。卵、4個。オレンジ・フラワー水*とマラスキーノ、各2液量オンス。

♥作り方　飾りのない丸形のシャーロット型（7インチのスフレ型――ファニーのメモ）を用意し、この底と内側に固いバターをこすりつけて塗ります。フールスキャップ紙を型の内側に張りつけるのにちょうどよい大きさに切り、その両面にバターを塗ってから、両端が少し重なり合うようにして型の内側に張ります。次に約1½カップのパン粉をボールに入れ、そこに温めた生クリームを注いで、いったん全体がやわらかい粥状になるまでよくかき混ぜてから、さらに、パン粉を加えてこれを固めの粥状にします。砂糖、シナモン、レモンの皮を加えます。マラスキーノとオレンジ・フラワー水を混ぜ入れます。この段階で固さを調べて下さい。固めのこね粉ぐらいの固さになっていなければいけません。これよりゆるいようでしたら、これが最後の機会ですので、ここでパン粉をもう少し加えて下さい。最後に卵をよくといてから混ぜ込み、これを下準備をした容器に流し込んで、固まるまで蒸しますが、火加減を一定に保って休まず蒸せば1時間20分から1時間25分ぐらいで蒸しあがるでしょう。これに添えてお出しするソースについては、次にご説明いたします。

杏とピスタチオのソース

上質の杏ジャム1ポンドをシチュー鍋に入れ、そこにレモンの皮を薄くむいてみじんに刻んだもの1個分、グラニュー糖2オンス。水1½ジル、それにマーシャル社製のサフランの着色料を塩さじ1杯加えます。火にかけて沸騰させますが、こうすると自然に混ざり合います。小鍋にジャガイモ粉1オンスと水1ジルを入れます。かき混ぜてから、これを煮立っているシチュー鍋の中に入れ、全体がすっかり透きとおって濃度がつくまで手早くかき混ぜます。そのままかきまわしながら弱火で10分間煮続けます。次にピスタチオの実12個の殻を割って皮をむき細かく刻んだものとアプリコット・ブランデー大匙1杯を混ぜ入れます。タミー布（漉し布または漉し器――ファニーのメモ）で漉しながら、これをプリンス・アルバートのプディングを型からはずしてフールスキャップ紙を慎重に取り除いた上からかけます。生クリームを沸騰させてからアプリコット・ブランデーを大匙に1杯加えてさらに5分間グツグツと沸騰させて「ボイルド・クリーム」を作り、これを別の舟形ソース容れに入れてお出しします。

涙なしのセモリナ・プディング

この簡単なプディングについて思い出す時忘れられないのは、ある時ご主人様の昼食用にとこのプディングをちょうど拵えあげたところへ、お台所の窓から戸口の石段の前に辻馬車が止まるのが見えたのです。ホームズ様の辻馬車好きは大変なものでございましたから、このこと自体には特に驚きもいたしませんでしたが、何と馬車から、よく私どものところにお見えになるスコットランド・ヤードのレストレード警部も降りて来られるではありませんか。大急ぎでエプロンをはずすと、私は「あの子」には階下に残っているように言いつけて、お二人が入って見えるのをお迎えしようと急いで上に登って行ったのでございます。

「やあ、ハドスンさん。帰ったよ」とご主人様は大声で言われました。「二人分の昼飯を出してもらうのは無理かな?」

「とんでもございません、ホームズ様」私はお答えいたしました。と申しますのも、私はいつ不意のお食事のご要求があってもそれにお応えできるように備えておくことこそ私の挑戦すべき課題だと考えていたからでございます。「もっとも、ご主人様」と私は付け加えました。「残念ながら、簡単なものになってはしまいますが」

「簡単とはどの程度にかね」といつものとおりご主人様がお尋ねになりますので、私は申し上げました。

「ブロスがボールにたっぷり一杯ございます。オーブンには土鍋で野うさぎが煮てありますし、ホームズ様がお好きなのを存じておりますので、セモリナ*のフリッターとそれに添えるジャム・ソースと生クリームが準備してございます」お客様が顔一杯に無遠慮なニヤニヤ笑いを浮べられた時の私の驚きはご想像いただけるものと思います。「セモリナのフリッターとはまた!」とお客様は大声でおっしゃったのです。「子供のとき以来食べたことがないなあ」

その日、ひとり仏頂面をしておりましたのが「あの子」でしたが、それは私が「お前の分のフリッターはないよ。お二階にお出しする分量しか作らなかったからね」と申したからなのでございますが、それでも私が「もしお行儀よくしていたら、お前には例の冷たくなったプラム・ダフを揚げて、それに熱いシロップをつけてあげるからね」と申しますとあの子の機嫌もいくぶんなおったのでございます。

◆材料　甘口の白ワイン、4液量オンス。水、4½液量オンス。セモリナ、4½オンス。卵、2個。フライ用のバター。ジャム。

♥作り方　小さな大理石板に油を塗り、ビスケット型を脇に用意しておきます。ビスケット型は直径2½インチの単純な丸型のものにして下さい。厚手のシチュー鍋にワインと水を入れます。それが煮立って来たら、上からセモリナを振り入れ、全体によく濃度がついて滑らかになるまでよくかき廻します。かき廻しながらお砂糖も入れて下さい。できあがったものを下準備をした大理石板の上に空け、½インチの厚さに延ばし、すっかり冷めるまでそのままにしておきます。次にお鍋に熱湯をわかして傍においておき、ビスケット型をこれにつけてから、セモリナを円形に打ち抜き、へりしか残らなくなるまでこれを繰り返します。へりを集めてもう一度こね直してから½インチの厚さに延ばし、残りを打ち抜きます。さてこの打ち抜いたものを使う段になりましたら、フライパンをかなりの強火にかけ、底全体に行きわたるくらいの分量のバターを溶かします。ここに、できれば暗赤色のサクランボウ・ジャムを大匙4杯加えていただきますが、これがなければ他の種類のものでも差支えありません。フリッターを――この頃にはもうフリッターと呼べるまでになっております――裏返してジャムをよくしみこませ、また外側をほんの少しカリッとさせます。細長いお皿を温めて、その上にこれをならべ、ポット一杯のホット・クリームを添えてお出しいたします。もし料理人が生クリームを煮たてたものが素晴らしいお味だという簡単な事実を知らないばかりに、熱いプディングに冷たい生クリームを添えてお出しするようでしたら、それは無知でお粗末な料理人の証拠でございます。

イタリア風パイ

これもワトスン先生の奥様が私どものところで召しあがったあとで、私に作り方をおたずねになったお料理でございます。作り方は簡単でございます。それにお金もかかりませんので、新婚の若い奥様はお料理帳に加えておかれるのが賢明かと存じます。

◆材料　パイ生地。濃い生クリーム、½パイント。卵、5個。ミルク・ブレッドで作った柔らかいパン粉、中型のパイ皿の半分の深さまでくる分量。ばら色のピピン種のリンゴ、6個（皮をむいて芯をとり薄くスライスしておく）。オレンジの皮をすりおろしたもの、皮の薄いオレンジ1個分。目の細かい白砂糖、6オンス。クラレット、¼パイント。

◆作り方　かなり薄く延ばしたパイ生地を中型のパイ皿に敷き込み、へりをきれいに切り落します。生クリームをボールに入れ、ごく濃いペースト状になるまで、パン粉を混ぜ入れます。ここにオレンジの皮、砂糖2オンス、よく泡立てた卵を混ぜ込みます。よくかき混ぜてから寝かせておきます。ピピン種のリンゴのスライスを、生のパイ生地の上にならべ、砂糖をふりかけてからワインを注ぎ、その上に先ほどのパン粉をこね合わせたものを拡げます。かなり強火のオーブン（ガス目盛り5、中段――ファニーのメモ）に入れ、ペーストが濃い狐色に膨れあがり、表面を押すと軽く弾むようになるまで焼いて下さい。

おやつ

わが家のおやつ

スコットランド・ヤードから大勢の警察官がベーカー街にお見えになる中で、ベインズ警部と若いスタンレー・ホプキンズ刑事のお二人だけは、私が心から喜んでお迎えできる方々でした。お二人ともたしなみのある、キリスト教徒の名に恥じない方々でした。私にはすぐに見抜けたのでございますが、お二人は二階でお茶を召しあがるのを厭がっておられ、それよりもむしろ階下に招んでもらって私の小さな居間でお茶を飲みたいと思っておいでなのでした。この居間は私のお台所と隣り合っており、そのため、お菓子をオーブンやグリドル（菓子用の焼き板）から出して食卓まで運ぶまでの間に味のおちることもなく、焼き立てを召しあがっていただくのにうってつけだったのでございます。それでお二人がお見えになるということを内々に承っておりますときには、必ず私が戸口にお迎えに出るようにし、また私より先に「あの子」が出てしまった場合には、私が行くまでお二人に待っていただくように言いつけました。戸口からは私がホームズ様のところまでご案内するのですが、お部屋まで行く途中で、私の居間にお茶の準備ができておりますので、ホームズ様へのご用件が何にせよ、それがおすみになったらどうか階下においで下さい、とこっそり申し上げるのでした。これはいつものしきたりになり、実際お二人がホームズ様のところにお見えになる時刻が偶然にもお茶の時刻と一致するのは不思議なほどでございました。そうしたある折りに、私が居間からお台所にやってまいりますと、そこでは例のごくつぶしどもがホームズ様にお目にかかろうと待っていたのでございますが、彼らが一様にすこぶる見苦しい態度でクスクスニヤニヤ笑っているのでございます。何をそんなに下品に騒いでいるのかとたずねますと、いつも途方もなく厚かましいあの子は、「いまみんなで言ってたのさ。ベインズ警部はおばさんにイカレちゃってるってね」と言って私の顔をみるが早いか部屋から逃げ去ったのでございます。私はそうするのが一番たしなみのある振舞いだと考えましたので、聞こえなかったふりをいたしましたが、正直を申しましてティー・ポットにお湯をつぎ足して居間に戻りました時、私の頬は火のように熱くなっていたのでございます。しかもいっそう悪いことに警部がこんなことを申されたのでございます。「今日はほんのりと良い顔色をしていますな、ハドスンさん。そのお顔色はあなたにぴったりですよ。ちょうどあなたの素敵なお料理が私どもにぴったりなようにね」お気の毒に、お作法をご存知ないと見え、それからこの方はフーフーとお茶をお吹きになるのでした。こういうお行儀にはまったくぞっといたします。でも、そうは申しましても、この方も若いスタンレー・ホプキンズ刑事もお茶を楽しんで下さっていたのでございます。

ベインズ警部は大の甘党でしたし、それに私も長いことマコロン・ガトーを作っておりませんでしたし、また、近々ホームズ様が「大事なお友達」をお招びする晩餐の折りにこれを作ろうと思っておりましたので、いつもするように腕試しにあらかじめひとつ作ってみて、作り方の記憶を新たにすることにしたのでございます。ちょうどよい機会でございますので、私の師匠の料理番から耳にたこができるほど聞かされていた教訓をそのままお伝えすることにいたしましょう。「晩餐会のお料理を作るときは」と彼女はいつも言っておりました。「絶対に作ったことのないお料理を試してみたりしてはいけないよ。必ず前もって作ってみて、手順をすっかり頭に叩き込んでおくんだ。それから初めて、自信を持ってご主人様にお献立を申し上げるんだよ」

マコロン・ガトー

◆材料　直径8インチの金属製の底のない輪型、1。マコロン、*24個。固く泡立てた生クリーム、1パイント。アプリコット・ブランデー、少々。裏漉しした杏ジャム、少々。アーモンド・フレーク。ふるったアイシング・シュガー、1オンス。漉したレモンの搾り汁、小さいレモン1個分。

♥作り方　輪型に丹念に油を塗ります。普通のベーキング・シートを敷いた上に羊皮紙（ホイル――ファニーのメモ）を敷き、その上に輪型を載せ、型の底になる部分の羊皮紙にもすっかり油を塗っておきます。マコロンをかなり細かく砕いてたっぷりしたボールに入れます。泡立てた生クリームにアイシング・シュガーを混ぜ入れてから、お好みの分量だけアプリコット・ブランデーを加えます。砕いたマコロンの上からレモンの搾り汁を振りかけ、次に味付けをすませた生クリームの¾をここに入れて混ぜ合わせ、よく締った固いペーストを作ります。これを下準備をすませた輪型に入れ、上からよくおさえます。油を塗った輪型のへりに当る部分にすき間ができぬようよく圧しつけて下さい。表面をきれいにならし、これを氷の上に載せ（一晩冷蔵庫に入れ――ファニーのメモ）、冷やして固まらせます。輪型をそっと外し、2枚の薄い金べらを使ってケーキを持ち上げ、ケーキ自体よりも少し小さ目のターンテーブルに載せます。側面ぐるりに刷毛を使って裏漉しした杏ジャムを塗り、その上からできるだけ沢山の煎ったアーモンド・フレークを圧しつけ、側面がすっかりアーモンド・フレークで隠れるようにします。残りの生クリームを絞り袋に入れ「王冠型5番」の口金をつけて、渦巻き模様や花模様を絞り出して美しく飾りつけます。もう一度2枚の金べらを使って、ガラス製の脚つきのお皿にドイリーを敷いた上にこれを載せ、別に「桃のブランデー風味」を小鉢に添えてお出しします。私はかのご立派な警部殿にはこれはお出しいたしませんでした。

アーモンド・フレークの煎り方

アーモンドのフレークをたっぷりひとつかみ、普通の乾いたベーキング・シートの上に拡げ、これを強火のオーブンに数分間入れて焦げ目をつけますが、全面にむらなく色がつくように時々かき混ぜて下さい。冷ましてからお使いいただきます。

簡単にできるドーナツ

たかがスコットランド・ヤードの警察官を、私がいつもそんな風に甘やかしていたとお考えいただいては困ります。「マコロン・ガトー」をお出ししてお茶の会を開いたというこのエピソードは例外的なお話でございますが、それでも、このことは警察の方にお茶の時刻近くにベーカー街に行ってみようという興味をそそるのには役立ちました。ですからこのようにして警察の方を喜ばせて差しあげることができるということで、ご主人様から委されているお料理材料の少々贅沢なものを使うこともいいわけが立ったのでございます。そうは申しましても、若いスタンレー・ホプキンズ刑事は一度ならずおっしゃったものでございます。「ハドスンさん、あなたの凝ったお菓子は別格として、あなたの作る下らないお菓子がまた実に素晴らしい」この方は独特の不器用な言い方で、「マコロン・ガトー」のような美味しいお菓子と「ラード・ケーキ」や「特製ドーナツ」のような簡単なパン菓子との違いをおっしゃっていたのでございます。ところで、「ラード・ケーキ」は慎重を要する点があるとは言え、作り方は簡単で、イースト菌を使うことにしても、こねる際にだらしなく手抜きをしたりせず、また、そのあとちゃんと寝かせることを怠らなければ、まったく簡単なことで、イースト菌の扱いに恐れを抱く料理人がいるのが、私には不思議に思われます。

◆材料　生のイースト菌（こうした作業には例の乾燥したものではまるでお話になりません――ファニーのメモ）、½オンス。温めた牛乳、1½液量オンス。同じものを別に、5液量オンス。ごく目の細かいグラニュー糖、¼オンス。同じものを別に、2オンス。ふるったふくらし粉入り小麦粉、2オンス。普通のふくらし粉入り小麦粉、10オンス。卵黄、6個。温めて軟らかくしたバター（油状にせぬよう注意すること）、3オンス。おろしたレモンの皮、大きいレモン¼個分。ラム酒、大匙1杯。杏ジャム、少々。こねる時のために、ふるったふくらし粉入り小麦粉を別に少々。ドーナツのへりをとめるための生の卵白少々。できあがったドーナツにまぶすためのグラニュー糖。

♥作り方　温めた牛乳1½液量オンスにイースト菌と砂糖¼オンスを溶かし、小麦粉2

オンスを混ぜ入れ――注意が必要なのはここのところなのですが――どんな小さな粉の塊もすっかりつぶして全体が糊に浸した布巾のようにヌルヌルになるまでよくかき混ぜます。これを「酵母」と呼ぶのだと私は教わりましたが、これに蓋をして、暖かいお台所のテーブルの上に置いておいて下さい。大き目のボールの半分位の深さまでお湯を張り、ここにこれより小さいボールを浸して、この中でグラニュー糖2オンスを加えて卵黄を泡立てます。全体がよく泡立ってフワフワしたこね粉状になるまで（これもいい加減にしてはいけません）よくかき混ぜます。次に軟らかくしたバター、ラム酒、おろしたレモンの皮をまぜ入れます。「酵母」を調べてみて、もし全体がブクブクと泡立って膨れあがっているようでしたら、強く叩いてあぶくを沈めて下さい。先ほど卵やラム酒を混ぜ合わせたもの、それに牛乳5液量オンスをここに入れて下さい。木しゃもじで丹念によくかき混ぜます。次に残りの小麦粉10オンスを加えて同じようにして下さい。厚地の毛布の小切れでしっかりくるみ、暖かい所に置いて寝かせ、元の分量の2倍の嵩に膨らませます。これを小麦粉を敷いた板の上に伏せ、握り拳で2、3度強く叩いてつぶしてから、ごく滑らかになるまでよくこねます。これをするには、両手を1フィートほど離して調理板に垂直に伸ばし、つぶした生地のボールを片方の掌からもう一方の掌に叩きつけるようにし、その合間に掌の「踵」（親指の下のふくらみを言います）で何度か強く圧します。よく叩いてこね合わせ、全体が滑らかになり艶が出てきたら、これを小麦粉を敷いた板の上にのせ、ほんの⅓インチの厚さに麺棒で延ばします。これを余さず3インチ×4インチの長方形に切り抜きます。4インチの辺に沿って杏ジャム大匙1杯を塗り付けます。ソーセージ型に巻き、端に生の卵白を刷毛で厚く塗って止めます。できあがったらこれを全部小麦粉を敷いた布巾の上に並べて上から別の布巾をかぶせ、最後にもう一度30分間寝かせて膨らませます。その間に、口の広い深鍋に4インチの深さまで純粋なオリーブ油またはラード（どちらをお使いになっても構いません）を入れ、その中に揚げ物用の金ザルを沈めてから、火にかけて温めます。油の温度が表面からかすかに煙が立つ寸前まであがったら、ドーナツを一度に2つか3つずつ揚げます。注意しないと失敗してしまうのがここのところでございます。最初にこのお料理をお作りになる時には、まず最初に試しに1つ揚げてごらんになることを是非お勧めいたします。表面がこんがり狐色になった時に切ってみて、芯の方の揚がり具合を見ることによって、もし失敗してもたったひとつ無駄にするだけでやり直すことができるからです。もし芯の方が生焼けでしたら、火の温度を下げて残りを揚げていただけばよろしいわけです。もしまた、もしすでに芯までよく揚がっているようでしたら、火加減を正しく判断なさっていたことになります。ドーナツがちゃんと揚がりましたら、油からあげるごとにすぐさまグラニュー糖の中に放り込んで、全体に厚く砂糖をまぶします。自分でこう申し上げるのも何ですが、このお菓子は私が今までにいただいたお菓子類のなかでも最もおいしいものといってよいほどでございますから、少々の手間をかけるだけの価値はございます。

ラード・ケーキ

それが私の流儀だったのですが、このお菓子を私は必ず3つ作り、ひとつしか作らないということはいたしませんでした。そして、もしご主人様もワトスン先生も「ただのバターつきのクランペットでいいんだよ」とおっしゃる以上のご要望がない時、あるいは時によっては、シナモン・トーストや、お二人の大好物の――それは階下《した》でも同じことでございましたが――ドリッピング・トーストだけでよいとおっしゃるときには、私は、私の居間のお茶用にひとつを出し、残りの2つを包んで私のお客様におみやげとしてお持ち帰りいただくのでございました。これを目にすると警部はきまって揉み手をなさりながらこう声を上げられるのでした。「本当に貴女は私たちを甘やかしてしまいますなあ」もっとも、私は「貴女」などという馴れ馴れしい呼び方をされたいなどという素振りをしたことはこれっぽっちもございませんでしたから、そんな風に呼ばれるのは少々有難くないことでございました。何といっても、殿方に甘い顔は禁物でございます。

◆材料　白パン用硬質小麦粉、2ポンド3オンス。人肌の温度の水、19液量オンス。人肌の温度の牛乳、19½液量オンス。塩、2オンス。本物のイースト菌、2オンス。グラニュー糖、3½オンス。純粋なラード、3½オンスと8オンス。小粒の種なし干しぶどう、8オンス。サルタナ（種なし干しぶどう）、6オンス。牛乳、余分に1液量オンス。

♥作り方　まず8オンスのラードを細かく刻むことから始めて下さい。時々ナイフを小麦粉にくぐらせてやると切り易くなります。塩と小麦粉をパン用の発酵壺（陶製の容器を少し温めて使うのが最上です――ファニーのメモ）にふるい入れます。次に、イースト菌とグラニュー糖を小さいボールに入れ、それが液状にねっとりするまで勢いよくかき混ぜます。これはしばらくそのままにしておき、その間に3½オンスのラードを小麦粉にもみ込み、粒が目に見えない位小さくなるまでよく混ぜてから、そこに果物を混ぜ入れます。人肌のぬるま湯の半分を液状になった砂糖とイースト菌の混合物に加えます。よくかき混ぜてから、そこに人肌に温めた牛乳の半分を加えて、もう一度かき混ぜます。小麦粉の中央に深い窪みをつけ、そこにイースト菌の混合物を空けてから人肌のぬるま湯と牛乳の残りの半分から適当な分量を加えて、焼き菓子用の生地の固さの滑らかな生地を作ります。この作業はすべて手で行います。毛布でぴったりくるんで暖かい所に置き、嵩が2倍に膨れるまで寝かせます。これを小麦粉をたっぷり敷いた板の上に空けます。18インチ×6インチの帯状に延ばします。へりから1¼インチ内側のところまで表面全体に刻んだラードをペタペタと軽く叩くようにして塗り付けます。帯状になった生地の手前の端を持って半分の所まで折り返してから、向う側の端を今折った上に重ね合わせるように折り返し、こうして全体を三重にします。テーブルの上でこれを半回転させ、もう一度下に粉をしてから、先ほどと同じ18インチ×6インチの帯状に延ばし、今とまったく同じやり方でもう一度折りたたみます。半回転させて延ばすのを繰り返すのですが、今度はこれをできるだけ長く延ばし、厚さ1インチ幅2インチの本当に長い帯状になるようにします。これを3つの同じ長さに切ります。長径が6インチ以下のケーキ型を3つ用意して、これにバターを塗っておきます。帯状の生地を手にとり、ぐるぐると巻いて、大きなチェルシー・バン*のようにします。これをほどけぬように手に持ってケーキ型に入れますが、ケーキ型は生地が口までいっぱいにはならない大きさのものを使います。3枚の生地を同じようにしてケーキ型に入れたら、もう一度これを毛布でぴったりくるみ、お料理用テーブルの、火の近くでない普通の温度の所に置いておきます。生地が膨れてケーキ型がいっぱいになるまでそのままにしておきます。

3つとも中火のオーブンの中央より1段上で、火の強さに応じて30分から45分焼きます（ガス目盛り3で45分――ファニーのメモ）。これが焼けている間に、お味の決め手となる糖衣の準備をいたします。柔らかい黒（粗）糖5オンスとバター2½オンスを混ぜ合わせます。よくかきまぜ、ラード・ケーキがオーブンから焼きあがったらすぐに、これをてっぺんからかけます。糖衣をかける作業の残りはすべて余熱が仕上げてくれます。

ドリッピング・トースト

このお菓子の出来はドリッピングの質の如何にかかっている、とこう申し上げても、どうか馬鹿なことを言っているとお思いにならないで下さい。一番良いのはもちろん鵞鳥のドリッピングでございます。ですからまずこれについてお話しいたしましょう。どなたもご存知のとおり、人によっては鵞鳥はたいへん胃にもたれ、「ゲップ」がでてきまりの悪い思いをさせられることがしばしばございます。ですから、「鵞鳥のこなれをよくする方法」を知っていただくのも便利なことかと存じます。そのやり方は簡単でございます。鉄枠（グリル用の金枠――ファニーのメモ）を深いオーブン皿に載せその上に鵞鳥をのせます。フォークで勢いよくつついて全面に小さな穴をあけます。オーブンに入れ、少なくとも45分焼きます。オーブンの火は弱まらないよう一様に保っていただきますが、火加減は中火にとどめて下さい（ガス目盛り4～5、金枠に載せた鵞鳥が中段に来る高さ――ファニーのメモ）。こうしてゆるやかに調理を始めますが、調理が進むにつれて、鵞鳥にたっぷりとついている脂肪分が泡立ちながら溶け出し、鵞鳥の脇腹を伝って下に落ちるようになります。こうしてひとりでに照り付け用の脂が塗られることになります。もちろん、血の混じった肉汁も多少はこのフォークの穴から流れ出します。これが細い筋になって下の皿に伝わり落ちていくにつれ、皮が次第に黒ずみ、最後には鷺鳥はマロニエ色になります。

半分ほど調理が進んだところで下のお皿に溜った鵞鳥の脂と肉汁の分量を調べて見て下さい。お皿の半分の量になっていたら、一部を石の壺に空けて涼しい所に貯蔵しておくようにしなければなりません。こうしませんと、鵞鳥がすっかり焼きあがるまでにお皿があふれてしまい、もったいないことになりますし、また危険なことにもなりかねません。脂と肉汁が壺に一杯になったら、すっかり冷えるまでさましてから羊皮紙で蓋をして、ドリッピング・トースト用に涼しい場所に保存しておきます。

最上のビーフ・ドリッピングを作るには、サーロインを丸ごとローストいたします。サーロインには必ず真ん中に脂の芯があります。ですから、ロースト用の受け皿の底が隠れる位――ほんの1/6インチ位の深さまで牛の骨のお出しを入れてローストすれば、サーロインが焼きあがる頃には水分はすっかり蒸発して、今度も脂と肉汁の混じった素敵なドリッピングが手に入ります。鵞鳥のところで申し上げたのと同じ方法でこれを貯蔵しておき、ドリッピング・トーストを作るときに、どちらかをお使いいただきます。ドリッピングのお話を切りあげる前にどうしてもひとつ申し上げておきたいことは、ドリッピングの壺の状態とその質を見れば、良い料理人かどうかの見分けがつくと言うことでございます。もし料理人が壺をひとつしか持っていなくて、禽獣も鶏もビーフもポークも何もかも一緒くたにその脂と肉汁を上から上へと流し込んで目もあてられない状態であれば、100パーセント間違いなくその犯人は不潔でだらしのない料理人でありましょう。それぞれのドリッピングは必ず別々にして、ピッタリと蓋をして（アルミ・ホイルで――ファニーのメモ）おかないと、物見高い虫どもが、時には危険な青バエまでが、飛び込んでここに葬られてしまうことになります！

　残りの作業は簡単です。皮のパリッとした新しいパンを薄切りにし、耳は切り落さないでおきます。上等のトースト用の金属製フォークの先に刺し、よく燃えている火で焙ってトーストにしてから、これがブヨブヨにならないように立てて置いておきます。小さな金属製の容器に、どちらかのドリッピングを選んで、ちょうど良いとお思いになる分量を溶かします。熱いパリパリのトーストを一枚ずつ、ドリッピングを溶かした上に伏せて下さい。充分に脂を吸ったら、これを取り出します。塩・胡椒をふりかけてから、細長く切ります。これを十字に重ね合わせるようにして二重底のお皿[11]に載せ、蓋をして食卓にお出しします。

　スコットランド・ヤードからお見えの方々には、こうしたお菓子をお出ししておもてなししたわけでございますが、食卓には他にも私の手製の白パンに黒パン、小海老の壜詰（80ページ）、黒すぐりのジャム、それに例の馬車屋の友人が農家から届けてくれる新鮮で香りの良いバター少々なども一緒にお出しいたしました。バターを作っている農家の方は、私の父の親友の息子さんに当りますが、この父の親友も父と同じように、ずい分前に高き御国へとお帰りになってしまわれました。

他にも食卓には「チェシャー・チーズの壜詰」（154ページ）をお出しして、これにはスコーンを幾つかと、警部さんたちが本当にお腹を空かしていらっしゃるといけませんのでハムとピクルスをひと皿に盛り合わせたもの、それに糖衣で飾った可愛らしいケーキをひと皿添えてお出ししていたのですが、これがお二人が何とかしてお茶の時刻にやって来ようとなさった理由だと私は信じております。

ところで、ホームズ様のお兄様のマイクロフト様もお茶の時刻にお見えになる癖をお持ちでした。もちろん、わが家の名を辱しめぬように、私はいつも早速午後のお茶用の焼き菓子をいくつか選んでお出しするようにしておりましたが、この方はいつでもご自分の体型を少しもお考えにならずに召しあがられるので、もうすでにあんな太鼓腹でいらっしゃるのに食べ過ぎにならないかしら、といつも私は心配になったものでございます。ですから、時が経つにつれて私はサンド・ケーキ、胡瓜のサンドイッチ、生姜パンなどをお出しして、しつこいものを避けていただくようにいたしましたが、この方は生姜パンの上にわが家の「農家直送バター」をべっとりと厚く塗って召しあがるので、私の努力も水の泡だったのではないかと案じております。

マイクロフト・ホームズ様用のサンド・ケーキ

◆材料　新鮮で香りのよいバター、8オンス。ふくらし粉入り小麦粉、4オンス。ジャガイモ粉、4オンス（ハロッズ、フォートナム・アンド・メイスン、ピカデリーのジャクソン、セルフリッジ等のデパートでお求めになれるジャガイモの澱粉〔フェキュール・ド・ポム〕――ファニーのメモ）。卵黄、12個分。すりおろしたレモンの皮、大半個分。固く泡立てた卵白、12個分。ブランデー、2液量オンス。ふるったアイシング・シュガー、少々。別にふるったアイシング・シュガー、8オンス。

♥作り方　バターを強くかき混ぜ、ほとんど白色のねっとりしたクリーム状にします。アイシング・シュガー8オンスを加えて再び強くかき混ぜます。いい加減にすると必ず失敗しますのでお忘れなく。小麦粉とジャガイモ粉をあらかじめ一緒にふるって混ぜ合わせておき、これを少量ここに加えます。次に卵黄3個を加えてから再びよくかき混ぜます。続いて再び粉を少々と卵黄3個を加えてかき混ぜるという風にくり返して、全部の粉と卵黄がよく混ざって全体がフワッと滑らかになるようにします。レモンの皮を加えてかき混ぜ、次にブランデーを入れて再びかき混ぜ、最後によく泡立てた卵白を加えてこれも丹念にすっかり混ぜ合わせます。よくバターを塗って粉をしたひとつまたはそれ以上のパン用焼き型（9インチ×4½インチ×2¾インチ――ファニーのメモ）に入れ、中火のオーブン（ガス目盛り4――ファニーのメモ）で、中央を軽く圧してみて弾力があるようになるまで焼きます。焼き過ぎますと必ずパサパサのケーキができますから、今ご説明申し上げた以上には焼かないで下さい。冷却棚の上に上下を逆に伏せて置き、冷めるまでそのままにしておきます。上下を直して表面全体に厚くアイシング・シュガーを振りかけます。

メモ　古くなって堅くなってしまった時にはこれを½インチの厚さの薄切りにします。フライパンの底が⅛インチの深さまでかくれる位の分量のバターを溶かし、バターがジュージューいいはじめたらこの薄切りを滑り込ませてこんがりと狐色になるまで焼き、裏返してから、すぐにゴールデン・シロップ*を大匙にたっぷり4杯、フライパンのへりを伝わらせるようにして入れます。裏側も狐色になったら、取り出して一枚が前の一枚の下端を枕にするように傾けてならべておいてから、フライパンに漉したレモンの搾り汁小1個分を加えて、これを上から全体にまんべんなくかけます。熱い生クリームだけを添えてお出ししますと、本当においしく召しあがっていただけます。

これこそ本当の胡瓜のサンドイッチ

ホームズ様はたびたびこう明言されたものでございます。「胡瓜のサンドイッチというのはたいへんなご馳走なんだよ、ハドスンさん。他の人はこんなものはと見くびっているかも知れないが、僕はどんなケーキよりも好きだね」

パンの切り方には知っておくと良い秘訣がございます。もとの奥様のお宅では、午後のお茶用に白パンと黒パンを薄く切ってバターを塗り、これをサンドイッチにするのは、いつも小間使いの役目でしたが、彼女はいつも、たとえ焼きたてのパンを使ってもそれを紙のように薄く切ることができるというのが自慢でございました。その秘訣と申しますのは、切る時によく切れる包丁を使うということだけでなく、そばに丈の高い水さしに熱湯を用意しておくということなのでございます。小間使いがそうするのを私は毎日見ておりました。彼女はよく切れる包丁を熱湯につけてから、付いている湯滴をさっとふるい落してから、簡単に、それも透き通るぐらいの厚さにパンを切るのでございました。こうしてお湯につけては滴をふるい落す動作を、小間使いは一枚切るごとに繰り返すのでした。私も現在同じやり方をしておりますが、やはり紙のように薄くスライスすることができます。できあがった薄切りは2列に並べていき、必要な組数だけ間違いなく切りあがるようにします。もうひとつ忘れてはならないのは、バターを塗るときはクリーム状になるまでよく練ってから使うということです。バターを塗りおわったら、今度は胡瓜を薄く切ります。消化が悪くなるといけませんので、必ず皮は残しておくようにして下さい。胡瓜を食べたあとで胸焼けを起こすのは、胡瓜の皮を取ってしまうせいなのでございます。ごく薄く切った胡瓜をバターを塗ったパンの片方の列に厚く載せて行きます。塩と細かく挽いた黒胡椒を軽くふりかけてから、もう一方の列のパンをその上にかぶせます。これで胡瓜は隠れます。強くおさえつけてから耳を取り、できあがったサンドイッチ一枚を4つの三角形に切り分けます。重なり合うようにしてドイリーを敷いたお皿に並べ、外側にきれいにクレソンを並べて縁どりをします。ぎゅっとおさえつけることを忘れないで下さい。居間で胡瓜が滑り落ちてご婦人の方のお召し物を汚してしまう危険があったりしては不都合この上もございません。

ホワイト・クリスマス・ケーキ

これは私がアグネス・バーサ・マーシャル夫人の週刊料理雑誌『食卓』から仕入れた新案のお料理でございます。私はその記事を写し取って、いつか試してみようと心に決めておりました。するとある時突然、よくあることなのですが、ご主人様が事件でお出かけになり夜どおし家をあけられることになりました。それも一晩だけではなく幾晩もつづいてなのでございます。ご主人様は飛ぶようにして家に帰って来られると、ご自分で例の恐ろしい注射をお打ちになり、何時間かバイオリンをお弾きになります。「あの子」はこうしたことの間じゅうずっと階段の下で丸くなって眠りこけておりますが、ホームズ様は、ご帰宅になった時と同じくらいだしぬけに、大声で少年をお呼びになり、辻馬車を呼び止められると、けたたましい音をたてながらお出かけになられるのでした。ご想像いただけるかとも存じますが、この間にはコーヒーをブラックでぐいぐいお飲みになる他は胃袋は空っぽで、一度などは私が階段を上ってお運びしている途中でお盆からチョップをひとつさっと把まれると、「食べている暇がないんだよ、ハドスンさん」と叫びながら、それを手にしたまま階段を下りていかれるのでした。その折りに最後に私が見届けたホームズ様は、ニヤニヤ笑っている御者に向って、チョップを振り立てていらっしゃるところでした。

もちろんその後はお決まりの事態がおこり、何日かは床につききりになっておしまいになるのです。私がお部屋に入ってまいりますと（もちろんノックをしてからでございますが）、ホームズ様は両腕を頭の下に組んで、じっと天井を見つめていらっしゃるのでございます。私はお盆をお運びして、それをまたお下げしてくるだけでございます。すると、とうとう階段の上でけたたましい物音がしたかと思うと、またお出かけになってしまわれるのでした。私はすっかりがっかりして、ようやくのことで力をふるいおこして、例のやさしいお医者様にお話を聞いていただくのでした。このお医者様は味覚には欠点がおありでしたが、本当にやさしい方でいらっしゃいました。他にはできることもなく、これとてもワトスン先生にお目にかかるまでは叶わぬことでしたから、気を紛らすために私はマーシャル夫人の「ホワイト・クリスマス・ケーキ」を作りはじめたのでございます。私がオランダ布にくるんで焼き型のまましまっておこうと思って、冷却棚から下しておりますと、そのできあがったケーキに影が映りますので目を上げてみますと、インバネスのボタンを外し、両手を深々とポケットにつっこんでホームズ様が戸口によりかかっておいでになったのでした。ホームズ様はすっかりやつれておいででしたが目はぎらぎらと輝いて、静かにこうおっしゃった時の私の驚きをご想像下さいませ。「そいつは実にうまそうだね、ハドスンさん。ひと切れもらえないかな」持っていって差しあげますからと言って、お部屋にお帰りになるようお勧めしたのですが、どうしてもお聞き入れにならないのでございます。まるできのうのことのように今でもはっきり目に浮かびますが、ホームズ様は乱れた服装のまま私のお料理用テーブルの隅に長い脚をだらしなく伸ばして腰掛けてケーキをむしゃむしゃと召しあがり、最後のひと口がなくなると例の長い指を差し出してこうおっしゃるのでした。「もうひと切れ切ってくれたまえ、ハドスンさん。確かにこのケーキは最高だよ」

以後私はこのケーキをご主人様の「最高のケーキ」と心得て、ご所望があった時に備えていつも作っておくようにいたしました。

◆材料　直径12インチの焼き型の底と内側に油紙を敷き込みます。次に内側全体に刷毛で良質のオリーブ油を塗りますが、この時、例の料理番もよく申しておりましたように、「骨を惜しまず、油を惜しみ」、丹念によくのばして下さい。次にごく肌理の細かいふくらし粉入り小麦粉7オンスと7オンスのとうもろこし粉を用意し、一緒にふるっておきます。他に次のものをご用意下さい。無塩バター、12オンス。グラニュー糖、12オンス。細かく刻んだアンジェリカ、6オンス。アーモンド・フレーク、6オンス。乾燥した胡桃を細かく刻んで、4オンス。糖衣をかけたサクランボウを刻んで、12オンス。砂糖漬けのパイナップルの薄切りを刻んで、10オンス。サルタナ、12オンス。大匙1杯のラムと大匙2杯のブランデー、それに漉したオレンジの搾り汁大匙1杯を混ぜ合わせておく。すりおろしたレモンの皮、小2個分。卵、6個。

♥作り方　バターをよくかき混ぜ、全体に縞目のないほとんど白いクリーム状にします。ここに砂糖を加え、再びふんわりとゆるいクリーム状にかき混ぜてから、おろしたレモンの皮を加えます。刻んだ乾果物を全部一緒にして、合わせた粉1オンスと混ぜ合わせます。かき混ぜて全体にむらがないようにして下さい。合わせた粉大匙2杯をクリーム状にしたバターに入れてかき混ぜ、そこに混ぜ合わせた乾果物を少しと卵1個を加えて、最後にラムほかを合わせたものを数滴たらします。これを繰りかえして、全部の材料がなくなって全体が再びクリーム状になるまで続けます。焼き型に入れ、表面をならしてから、これを天板に丈夫な包装紙を4重に畳んで敷いた上にのせます。中火のオーブンに1時間入れてから、以後は火が弱まって温度が少し下がるままにして下さい。よく耳をすまして聞いていて、ブツブツと中身の煮立つ音がすっかり聞こえなくなるまで調理して下さい。もしこれがわからない時には細い鉄の編み針を「中心を外して」突き刺して、引き出した時にそれが濡れているか、きれいなままかを見て下さい。もしきれいなままであれば、ケーキは焼きあがっています（ガス目盛り4、下から2段目で1時間調理し、以後はガス目盛りを2に落して焼きあげる――ファニーのメモ）。

シード・ケーキ

ホームズ様の大好物。このケーキの入った焼き型に手を出した者に禍いあれ。次に取り出した時に取り去られた分がどんなに薄くとも、ホームズ様はそれを目にするやこう声をあげられるのでした。「誰が私のシード・ケーキに手をつけたのかね、ハドスンさん」

◆材料　新鮮で香りのよいバター、¾ポンド。卵、6個。飛びきり肌理の細かいふくらし粉入り小麦粉、1ポンド。目の細かいグラニュー糖、12オンス。細かく砕いたメースの薄片、1枚分。すりおろしたナツメグ、卵用スプーン少な目のすり切り1杯。キャラウェイの種、少な目の1オンス。

♥作り方　まず、焼き型の底と内側に油紙を敷き込み、刷毛で内側全面にオリーブ油を塗ります。中で焼くケーキが何であれ、焼き型は常にこのようにします。全体がすっかり白っぽくなり、縞目がなくなるまでバターをよくかき混ぜます。これにメースとナツメグを加え、次に砂糖を加えて、全体がゆるいクリーム状になるまで再びごくゆっくりかき混ぜます。別のボールに卵を全部割っておきます。これをよく泡立てておいて下さい。クリーム状になっているバターに小麦粉をスプーンに1〜2杯加えては、これに適量の卵を入れて全体がなめらかになるまでかき混ぜる、という風にして続けていき、さらに牛乳を何滴か垂らし込んで、全体がスプーンですくったときポトリと垂れるくらいの軟らかさに仕上げます。キャラウェイの種を混ぜ込みます。下準備をした焼き型に流し込んで中火のオーブンに入れ、よく耳をすましてブツブツと煮立つ音が聞こえなくなるまで焼きます（ガス目盛り4、中段、約1時間30分――ファニーのメモ）。

ミルク・スコーン

どなたかが午後のお茶の時刻にお見えになることになると、私にあれこれと指図をなさりながらホームズ様はきまってこうおっしゃるのでした。「それからハドスンさん、忘れずに例の君の素敵なスコーンを出してくれたまえ」

これの作り方も非常に簡単ですが、ただ、牛乳は最上質のものをお使いいただき、さらに完璧に仕上げるために、次にご説明いたしますとおり、これに少量の生クリームを加えていただきます。

◆材料　ふくらし粉入り小麦粉、12オンス（デザート用スプーン山盛り1杯のベーキング・パウダーと一緒にふるっておく）。ごく目の細かいグラニュー糖、3オンス。純粋なラード、2½オンス。無塩バター、3½オンス。サルタナ、4½オンス。濃い生クリーム、1½液量オンス。牛乳。

♥作り方　小麦粉とベーキング・パウダーをたっぷりしたボールにふるい入れます。バターとラードをつぶしてこれにごく細かくもみ込みます。次に砂糖をふるい入れ、続いてサルタナを入れます。生クリームと同量の牛乳を加え、小型の食卓用のナイフを使って切りこむようにしながら混ぜ合わせ、さらに適当な分量の牛乳を加えて同じようにする、という風にして麺棒で延ばすのにちょうどよい固さの生地を作ります。これを粉をした板の上に空けます。麺棒で軽く圧して、高々¾インチぐらいの厚さに延ばします。2½インチの丸型に型抜きをします。次に両手のひらを使って最終的に形を仕上げます。

軽く粉をしたベーキング・シートの上に載せます。表面に刷毛で牛乳を塗り、グラニュー糖を少々ふりかけてから、かなり強目のオーブンで焼きます。これをオーブンから取り出すタイミングが重要です。芯まで焼けていなければなりません——しかしちょうど芯まで焼けたピッタリその時でなければなりません。それで、正直に申しますと、私はいつもひとつ犠牲にして出来を見ることにしております。ビリーが、雨の日など退屈してお台所をうろうろしていますと、私は彼にいいつけて包丁を研ぐためのグラインダーを廻させるのですが、犠牲にしたスコーンは、その出来がどうであれ、彼にたべてもらうことにしておりました。試食用のスコーンは、割って中を見る時に、きつく摑むと二つに割れてしまうぐらいふんわり焼けていなければなりません。ナイフをあてただけで生地のように少しつぶれるぐらい柔らかくなくてはいけないのです。ズバリ、この様な焼け工合のときにオーブンから取り出さなければなりません（ガス目盛り5、中央より一段上で焼くこと。約15分かけます——ファニーのメモ）。

わが家で人気の胡桃パン

何故とお尋ねになられても私にもわからないのですが、ワトスン先生は、このパンの薄切りをベーコンの脂で焼いて、その上に4番カットの背肉のベーコンを焼いたのを載せて召しあがるのがたいそうご贔屓でいらっしゃいました。一方ホームズ様は、薄切りにしてバターをつけて普通の方法で召しあがったり、あるいは冬場のお茶の時に、普通のパンやシナモン・トーストの細切りの代りに召しあがるのがお好きでいらっしゃいました。おふた方ともそれは色々とお好みがおありでしたから、それを逐一頭に入れておいてお作りするのが私の務めで、私としても一生懸命そのように努力したものでございました。

◆**材料**　全粒粉、1ポンド。加塩バター、$\frac{1}{2}$ポンド。牛乳、$\frac{1}{2}$パイント。塩、すり切り茶匙2杯。ナツメグ、たっぷり2つまみ。シナモン、たっぷりひとつまみ。乾燥した胡桃の実（粗く刻んで）、8オンス。卵、2個。グラニュー糖、ほんの茶匙すり切り1杯。

♥**作り方**　小麦粉とスパイス類を一緒にして、たっぷりしたボールにふるい入れます。これにごく細かくバターを揉みこみます。砂糖を混ぜこみます。次に胡桃の実を混ぜこみます。牛乳と卵をよく混ぜ合わせます。ぱさぱさと混ぜ合わさった中央にくぼみを作ってこれを流し込み、こね合わせてかなり湿っぽい生地に仕立てます。これを、よくバターを塗ったパン用の焼き型の半分まで入れ、中火のオーブンで、1時間、もしくは拳《こぶし》でパンを叩いてみて中がからっぽの感じの音がするようになるまで焼いて下さい（ガス目盛り4、中段——ファニーのメモ）。

スコットランド人好みのジンジャー・ナッツ

私はよくこれをガラスの広口壜に入れてご主人様のベッドの脇においておいたものでございますが、少しも手をつけられないままでいることがしばしばでした。それで、夜分にホームズ様のお目にとまることもなかろうとなかば諦めはじめた頃、ふと見るとある時突然壜は空っぽになっていて、やっぱりもう一度いっぱいにしておく仕儀に相成るのでした。

◆材料　ファウラー社製の黒糖蜜（これに匹敵するものは他にありません）を1ポンド。他に、バター、6オンス。粉末の生姜、½オンス。「粗糖」と呼ばれる柔らかい黒砂糖、6オンス。中ぐらいの粒のオートミール、2オンス。糖蜜を別に、½ポンド。混合スパイス、塩用スプーン1杯。レモンの皮を薄くむいてからごく細かくみじんに刻んで、3個分。最上等のふくらし粉入りの小麦粉、1ポンド。砂糖漬けのレモンの皮。

♥作り方　糖蜜1ポンドをバターと一緒にシチュー鍋に入れ、かまどの端に置いて温めます。これに砂糖を混ぜ入れ、砂糖が溶けたら、小麦粉以外の材料を全部ここに入れます。次に小麦粉を混ぜ入れるのですが、これはお鍋の中身をたっぷりしたボールに移してからなさるようにおすすめします。濃いなめらかなペーストになったら、これを脇においておき、30分かそこら寝かせます。軽く粉をした板の上でこれを¼インチの厚さに延ばします。これを色々のお好みの形にでも、あるいは直径2¼インチのただの円形にでも型抜きをしていただきます。砂糖漬けのレモンの皮の小片をてっぺんに圧しつけ、中火のオーブンで12～15分焼きます（ガス目盛り5、中段――ファニーのメモ）。ここでひとつご記憶いただきたいのは、こうしたビスケットはオーブンから出して冷めると固くなりますので、焼きすぎないようにするということです。

ハーミット・クッキー

例のごくつぶしどもがホームズ様の仕事のお手伝いをしていて、何時間もの間食事をとれそうもないようなときには、私はハーミットをどっさり焼いて、それを子供たちにもたせてやったものでございます。もちろん、子供たちはそれをそのままポケットに滑り込ませ、かくてポケットはまるで裏打ちでもしたように一面ビスケットの粉だらけになるという次第です。でも、それをやめさせるわけにもまいりませんでした。と申しますのも、とくに陽気の寒い時分には、「ほんとに体がなかからも外からも温まるんだから、おばさん」とかれらが申すからでございます。これはどういうことかと申しますと、ホームズ様が急いでいらっしゃる時には、私は子供たちにオーブンから出したばかりのハーミットをやりますので、まだあつあつでくずれやすいまま、それがかれらのボロ服のポケットに直行するからなのでございます。もっとも、冷ましてくずれにくくなった所で、ポケットの中ではどの道同じ運命をたどるのでございます。

◆材料　種なしの干しぶどうを細かく刻んで、¾ポンド。同量のグラニュー糖。バター、4オンス。卵、3個。重曹を茶匙に少な目のすり切り1杯、紅茶茶椀に牛乳を大匙3杯入れた中に溶かしておく。ナツメグ、茶匙少な目のすり切り1杯。ふくらし粉入り小麦粉、2ポンド。挽いたクローブ、挽いたシナモン、それぞれ茶匙すり切り1杯。

♥作り方　バターを小麦粉にもみこんで、粒が目に見えないくらい細かくなるまでよくもみます。乾果物、砂糖、それにスパイスを全部混ぜ込み、数回指で梳《す》くようにして材料をまんべんなく散らします。重曹を溶かした牛乳と溶き卵を使って、しっかりした生地をつくります。これを麺棒で¼インチたっぷりの厚さに延ばします。直径3インチの円形のビスケット型で型抜きをします。軽く粉をしたベーキング・シートに並べて、強火のオーブンで比較的短時間で焼きます（ガス目盛り6、中段――ファニーのメモ）。

パーティー用ビスケット

以前の奥様はこのビスケットを必ず密閉した缶に入れて貯えておくようにおっしゃったものでございます。と申しますのも、奥様のおっしゃるとおり、「そうすればこのビスケットは長持ちしますから、とくにふいにお客様がお見えになった時などには、午後のお茶のテーブルに色を添えるのにうってつけ」だからでございます。

◆材料　挽いたアーモンド、8オンス。ふるったアイシング・シュガー、8オンス。卵白。細かく刻んだアンゼリカ、1オンス。砂糖漬のサクランボウを刻んで、1オンス。ノワイヨー。

♥作り方　挽いたアーモンドと砂糖をよく混ぜ合わせます。中央にくぼみをつけます。そこに卵白を少し流しこみ、小型の食卓用ナイフを使って徐々に卵白を混ぜこんで行き、ごく固めのペーストを作ります。これに茶匙2杯ほどのノワイヨーをしみこませます。こうするとアーモンドの香りを強め引き立てることができるのですが、これは壜詰のエッセンスには決して真似のできないことなのです。リンネルの絞り袋（現在ならナイロン製のものをお使い下さい。これは決して汗をかきません——ファニーのメモ）の内側に

5番の口金をつけ、これを使って、ごく薄くバターを塗った天板の上に渦巻状または棒状に絞り出して下さい。これをそのまま覆いをせずに一晩お料理用テーブルの上においておきますが、煤などで汚れてしまわぬように、お料理の火からは充分離しておいて下さい。翌朝になりましたら、表面に刷毛で砂糖シロップと水を塗りつけます。アンゼリカと砂糖漬のサクランボウを混ぜたものをひとつひとつの上に軽く叩くようにしてつけ、ごく強火のオーブン（ガス目盛り7½、中央より一段上――ファニーのメモ）で、口金で押し出したへりが褐色になるまでほんのしばらく焼きます。全体が褐色になってしまうまでオーブンに入れておかないで下さい。こうしたお菓子の真髄は、見たところ堅そうで小型のビスケットのようでいて、芯は柔らかいという点にあるのでございます。

砂糖シロップ

2オンスのグラニュー糖を大匙2杯の水に入れ、弱火のかまどの端にかけて溶かします。沸騰したらそのまま1分間煮立ててからお使い下さい。

お口直し

牛骨料理をホット・エールのおつまみに

寒い季節に例のお医者様がベーカー街にお仲間を10人以上も連れてお見えになると、ホームズ様は、ホット・エールとそれにつきものの牛骨料理を都合してもらうわけには行くまいか、と必ずお尋ねになるのでした。

湯気の立っている牛骨を瀬戸物の大皿に盛ってお部屋に入ってまいりますと、きまって私にはそれを載せるテーブルが見えないのでございます。葉巻やらメシャム・パイプやらから出る煙がそれほどもうもうと立ち込めているのでございます。テーブルには、あらかじめ「あの子」を遣ってピカピカの表面に焼けこげをつけられないように緑のラシャを三重にして掛けさせておいてあるのですが、やっとのことでそのテーブルを見つけて、私がそのお荷物を下しますと、いっせいに歓声が挙がるのもこれまたおきまりのことでした。そこで、これから、この大好評の牛骨料理の作り方をご紹介することにいたします。

髄のいっぱいに詰った大きな牛骨を選びます。あらかじめ肉屋さんで大柄な男の方の拳位の大きさにきちんと切り分けてもらうようにして下さい。小麦粉と水でペーストを作ります。これをそれぞれの骨の切断面に厚く塗りつけ、中の髄をしっかりとおさえこんでおくようにします。こうしませんと、髄には、スルリと熱湯の中に抜け出してしまう嘆かわしい習性がございます。お料理用テーブルの上に大きいリンネルをひろげます。この上に牛骨を積み上げて、リンネルの四隅を骨の山のてっぺんに持ってきてしっかりと結びます。この重くて飛び切り熱い包みを銅鍋から上げた時、結び目をほどくのに使いますから、忘れずに長い鉄の編み針を用意しておいて下さい。骨をしっかり結わきましたら箒の柄をこれに通し、銅鍋の中に浸します。鍋の下の火はあらかじめ真っ赤におきているようにしなければなりませんし、また一定の間隔で石炭をくべることができるように、良質の石炭を大型の石炭いれにいっぱい用意しておかなければなりません。私はこれは「あの子」にやらせ、その間に自分は他の用事をするようにいたしました。泡が勢いよく骨の上に出てくるようにして、1時間たっぷり茹でます。そうしたら、先にご説明したようにして骨を取り出し、それをひと皿に盛るか、あるいは幾皿かに盛り分けます。これに添えるには、先ず、髄を簡単にほじくり出すために、伊勢海老の角を水さしに一杯おつけしますし、それに温かいトーストをいく山かに盛ってお出しし、この上に髄を塗って召しあがっていただきます。他に調理したイギリス風辛子を大きめのポットに1杯と、それにもちろんホット・エールを飲むためのジョッキを銘々にお渡ししますが、これには周りに清潔なナフキンを巻きつけ、中には銀製のスプーンを1本入れて、ガラスが割れる危険を防ぎます。合金のジョッキをお使いになる場合は、その必要はありません。

夕食後のお口直し

お二人の紳士はどちらも、たとえどんな時刻にお夕食をおとりになっても、締めくくりにおいしそうなお口直しをお出ししないと、決して本当には満足して下さいませんでした。

それで私はいろいろと実験を重ねてホームズ様のお好みに適うものを見つけなければなりませんでした。ワトスン先生の方はといえば、こちらは辛くて味の濃いものであれば、何でも召しあがってしまう方でしたので、すでにお料理が胡椒で真っ黒になっていたり、材料の中に先生のお気に入りのチャツネが入っていたりしないかぎり、私は先生の分のお料理にだけ余分に唐辛子を入れることにしておりました。これからご紹介するお料理は、どれも最大級のお賞めをいただいたものの中から選んだものでございます。

ハドック製の法王の帽子

これの作り方には二段階ありますが、便宜上両方の材料をはじめに挙げておきます。

◆材料　皮をソフトに仕上げるために——ふるった、ごく肌理の細かいふくらし粉入り小麦粉、3オンス。バター、2オンス。唐辛子、ひとつまみ。パルメザン・チーズ、1オンス。卵黄、1個。漉したレモンの搾り汁、茶匙1杯。水、少々。
あんを作るために——燻製のハドック（鱈の一種）を骨を除いてからきれいに切り分けて、½ポンド。牛乳、½パイント。バター、1オンス。パルメザン・チーズ、1オンス。濃いホワイト・ソース、大匙2杯。粉末パプリカ、ごくたっぷりひとつまみ。卵黄、1個。
♥作り方　小麦粉をたっぷりしたボールに入れます。チーズと、それに塩・胡椒をそれぞれひとつまみずつ加え、指で梳くようにして混ぜ合わせます。お料理用テーブルの上に大理石板を置き、その上にこれを空けます。この小山の中央に小さな穴を作り、ここに卵黄を（かき混ぜてから）半分と、水をほんの2、3滴、それに軟らかくしたバターを入れます。小型のナイフ2本を使って混ぜあわせ、レモンの搾り汁と、必要ならば水を2、3滴加えながら麺棒で延ばすのにちょうどよい固さの生地に仕上げます。布巾を掛けて大理石板の上におき、30分間寝かせます。時間が来たらこれをかなり薄く延ばし、普通の円形のビスケット型かワイン・グラスを使って型抜きをします。次にあんの方に取りかかりますが、まず燻製のハドックを切り分け、これを牛乳の中で芯まで火が通るまで茹でます。これを水切り（使った牛乳は他の魚料理用の魚味のホワイト・ソースを作るのに使います）、薄くほぐしてから、先の材料の項で二番目に挙げた分量のバター、チーズ、パプリカ、ソース、それに半分の卵黄と一緒に混ぜ合わせます。これを円く型抜きしたペーストの上にたっぷり載せていきます。次にペーストの四隅を水で湿しておいて、これをつまみ上げるようにしてくっつけ合わせ、各面が三角になるようにします。この形から「法王の帽子」（例の三角帽子）というこのお料理の名前がついたのです。生卵を刷毛で少し塗りつけてから、中火のオーブンで10分間焼きます（ガス目盛り5、中央より一段上――ファニーのメモ）。

お飲みもの

スロー・ジン

1年分のスロー・ジンを拵えておりますと、いつも思い出が甦ってまいります。近頃の私は閑人で、まだほんの子供の頃にしたのと同じように、付近の小径をぶらぶらと歩きながら、自分で使うスロー（野生の小スモモ）を摘んで廻ったりいたしますが、やはり、ホームズ様やワトスン先生とご一緒した、気も狂いそうになるほど忙しいことさえある、あの幸福な充実した日々がたいそうなつかしく思い出されるのでございます。そうは申しましても、すべてのよいことに終りが来るのは仕方のない事で、現在の私は大変楽しい余生を送らせていただいているのでございます。私の父がよく申しておりましたように「ふさぎの虫にとりつかれた」ように感じるときには、私はいつも王者も匹夫も生きてこの生を去ることはできないのだ、そしてこの私は沢山のことを造り主に感謝しなければならないのだ、と自分に言い聞かせるのでございます。

◆材料　お好きなだけの数のスロー。評判のよいブランド（こんな「危険なお酒」を評判がよいなどと言ってよければの話ですが）のジン。大きな繕い針。糸で綴ったワイン・シュガー（H夫人のよくいうとおりに勤勉に探せば今でも手に入ります――ファニーのメモ）。

♥作り方　広口壜を用意し、コルク栓がしっかりと丈夫であることを確かめておきます（漬物用の広口壜を使用する――ファニーのメモ）。スローを洗って下さい。スローが壜の肩の所に上って来るように、スローに針で穴を空けます。すっかり穴をあけてしまっておかないと、スロー・ジンのできあがりが悪くなります。中央にワイン・シュガーを1個落します（漬物用の氷砂糖を使用する――ファニーのメモ）。ジンをいっぱいに入れコルク栓をして、涼しい乾燥した所に貯蔵します。お好きなだけいつまでもそのままにしておきます。スローは掻き出して壜に入れておくよりは、そのままにしておいた方がずっとよろしいです。必要なだけの分量を¼サイズのデカンターに入れ、食後に消化剤としてほんの少量をお出しします。あまり沢山お飲みにならないようお気をつけ下さい。5年ないしはそれ以上のものになりますと、大変な効き目がございます。

二日酔の殿方に――良薬は口に苦し

なにしろ男所帯のことでございましたので、ときおり、ホームズ様のおっしゃる「酒宴の名残り」に効く薬を作るようにとのお求めがございました。これもそのひとつでございます。

レモン半個を搾り、漉してからワイン・グラスに入れます。リキュール・グラス1杯のブランデーを混ぜ入れ、そこに唐辛子を思い切りよくひとつまみ加えます。よくかき混ぜて下さい。ぐいとひと息に飲んでいただかねばなりません。

ホット・エール

ホームズ様は、ことのほか難しい問題について思案を重ねておられるときには、よくお部屋から階段の上に出てこられ、階下《した》に向って私をお呼びになったものでした。「はい、ただ今」と私がお答えいたしますと、ご主人様は手すりから身をのり出して、こう叫ばれるのでした。「いや、来なくても良い。ただなかなか解けてくれない強情な問題があるものでね、すまないがいつもの潤滑油を作ってもらえたら、手がかりが見えて来るかと思うんだ」

こうして、例のエールを一杯作ってさしあげればよいのだと私には合点がいくのでございます。私は、まず、片手にスカートをつまみもう一方の手に火掻き棒を持って階段を上って行くのでございますが、この恰好でふいにどなたかに声をかけたら、ずいぶんと吃驚しておかしがることだろうと思ったものでございます。お部屋に入り、必要な状態であれば火をくべ、火掻き棒を深く突き刺して、そのあとでホームズ様に、もちろん丁重にではありますが、私がエールを持って戻って来るまでその火掻き棒で火をつついたりせずに、そのままそっとしておくようにとご警告申し上げるのでした。

◆材料　残りもののエール、2パイント。棒シナモン、1インチ（砕いておく）。柔らかい黒（粗）糖、大匙山盛り1杯。月桂樹の葉、2枚（ちぎっておく）。1インチの根生姜のかけらをつぶしてモスリンの袋に入れておく。レモン1個を薄くスライスし、皮は残したまま種だけ全部除いておく。

♥作り方　材料全部をゆったりした大鍋に入れ、ごくゆっくりといったん沸騰させます。生姜の袋を取り除いてから、パリパリに糊をきかせた染みひとつない白いテーブル・ナフキンをお鍋に巻いてお部屋に運んで行きます。お部屋についたら白熱した火掻き棒を引き抜き、火傷しない方をしっかり把んで、それをエールの中に垂直に突き立てます。エールの泡がジュー、ブクブク、ブツブツ、プツプツと最後に消えていくまで、お鍋をまっすぐに持っています。この最後の処理を行いませんとこの飲み物は一文の値打ちもありません。その温度がすっかり下がりましたら、「教区委員」（235ページ参照）のところでご説明する要領でグラスを整え、その中にこれを注ぎます。

バター入りラム酒

お二人のどちらかがお風邪を召されたときには、私はバター入りラム酒をグラスに一杯、二階のお二人のベッドまでお運びしたものでございます。それをすすっておられる間じゅう、すっかりなくなるまで、私は傍に立って見ていたものですが、これを飲みますと間違いなくぐっしょりと汗をかくのでございます。それで、翌朝になるとお二人はすっかり元どおりの体に戻っておられるのでした。

タンブラーに、あらかじめ長い銀のスプーンを1本さし込んでおき、そこに良質のラム酒を1½インチの深さまで入れます。漉したレモンの搾り汁、茶匙に1杯、胡桃大の新鮮なバターの塊、デメラーラ糖、茶匙山盛り1杯を加えます。沸かし立ての熱湯をふちまで一杯に注ぎよくかき混ぜます。できたらすぐにお飲みいただかねばなりません。

変り酒に使うワイン

お客様がお夕食にお見えになる予定の時はいつも、と申しましても、ホームズ様がそのお客様がそれほどまでに気を使う価値があるとお考えになったお客様の時だけですが、ホームズ様はご自分のお机の脇に掛かっている鍵を取ると、それを持って地下のワインの貯蔵室へと下りて行かれるのでした。時にはずいぶん時間が経ってから、ホームズ様は蜘蛛の巣のついた様々な古めかしい壜を持ってあがっておいでになり、私に丁寧にこう説明して下さるのでした。「こういうことは僕が自分でするよ、ハドスンさん」また、ご主人様はワインを温めて変り酒にしてしまうことにはとてもやかましくて、いつもこうおっしゃったものでございます。「温めて変り酒なんかを作るには、大切でないワインを選ぶように細心の注意を払おうじゃないか。上質のワインをそんなものに使うほど憎むべき仕打ちはないからね」

教区委員《チャーチ・ウオーデン》

これは体の温まるいわゆる「強精飲料」で、ロンドンの新聞社の記者の方たちが夜遅くお見えになって、パイプをふかしながらお喋りをなさるときには、ずい分とご所望が多かったものでございます。221番地Bがロンドンの街と同じように部屋じゅうえんどう豆のスープのような黄色い煙で覆われるまで、この方々はパイプをふかし続けられるのでした。

大きいレモン1個をごく低い温度のオーブンでローストします（ガス目盛り3、中段で20分――(ファニーのメモ)。そのあと厚手のシチュー鍋に入れてかまどの端にかけ、その上から、ホームズ様が壜を手渡して下さりながらおっしゃった言葉を借りれば「ごくありふれた赤ワイン」をひと壜注ぎます。入れたての薄い紅茶を1パイント計って入れ、最後に棒砂糖4オンスを入れてすっかり溶けるまでかき廻します。全体が沸騰寸前まで熱せられたら、パンチ・ボールに移します。ひしゃくを入れてお盆に載せ、そこにタンブラーを添えますが、タンブラーは清潔なナフキンでくるみ、飲み物を注ぎ込んだ時に熱でガラスが割れるといけませんので、銀のスプーンを1本ずつさしこんでおきます。

司教《ビショップ》

前にも申し上げましたように、ワトスン先生は冬の晩によく沢山のお医者様仲間を連れておいでになりました。ホームズ様もこれを歓迎されました。と申しますのも、ホームズ様は、間もなく大変専門的な医学上の事柄について、皆様の議論に深く首をつっこまれるようになったからでございます。それはたいてい毒薬に関するお話で、私はこの「偉大な人物」について咎めだてをしようなどという気は毛頭ございませんが、ホームズ様は毒薬について病的といってよいほどの興味をお持ちだったのでございます。こうした機会は、私にとりましては、皆様のお楽しみのために湯気の立つ「司教」をボールに一杯作るようにとのお求めがあることを意味したのですが、同時に私はその晩じゅう次々と「おつまみ」をお出ししなければならず、しかもどれもが熱いお料理で、必ず蓋をしたアントレー皿に盛るか、ナフキンでくるんでお出しするのでございました。

◆材料　パンチ・ボールとひしゃく、各1。レモン・オイルをたっぷり含んだ大きいレモンにクローブを突き刺して、1個。棒砂糖、½ポンド。ナツメグの実をたっぷりおろしておく（粉末になっているものは絶対にいけません）。本物の棒シナモン、1インチ。1インチの根生姜を強くつぶし、バター・モスリンの袋に入れておく。クローブを別に2個。オールスパイス、たっぷり3つまみ。ポート・ワイン、½パイント。クラレット、1パイント（雇い主がその女中頭に手渡すどんなポート・ワインやクラレットを使っても、この飲み物を作ることができるということをご記憶下さい）。チェリー・ブランデー（最上等のものは、ケント州、カンタベリーの近郊のサーレ村にあるイ・サーレ・ハウスでお求めになれます）、クラレット・グラス1杯。

♥作り方　クローブを突き刺したレモンを、皮全体が褐色になりシューシュー言うようになるまで、よくおきた火の前で廻しながら焙ります。乳鉢に、砂糖、スパイス、それに焼いてない別のレモン1個の皮を薄くむいて入れ、全部一緒に乳棒でつぶします。銅製のシチュー鍋に入れ、そこに水を½パイント加えますが、これにはもし可能ならば必ずかおりの良い雨水を、さもなければお台所の蛇口から取った水をいったん沸騰させてからさましてお使い下さい。ワインを混ぜ合わせたものを加え、かまどの端にかけて温めますが、絶対に沸騰させてしまうような危険を冒さぬように万全の注意を払って下さい。さて、焙ったレモンの方は、パンチ・ボールに入れ、ひしゃくの丸い部分でつぶします。お鍋に入れたものが温まったら、ブランデーを混ぜ入れ、もう一度熱してからレモンの上に注ぎ、こうしてレモンを「司教」の中で楽しそうにプカプカと泳がせてやります。こうしてできあがったものを、私は紳士方の大歓声に迎えられながらお部屋にお運びしたのでした。それがすむと今度は私はおつまみの方に取りかかり、それを「あの子」に持って行かせるのでしたが、あの子はまたあの子で、指の爪と耳と鼻をちゃんと検査したことをあらかじめ確かめておかなくてはならないのでした。なにしろ、あの子はきちんとした育ちをしていない汚い子供でございましたから。

大司教《アーチビショップ》

これも「教区委員」をお出しするのと同じお仲間にお出しするようにとのお求めのあった体の温まる飲み物です。

橙(他のものではだめ)にクローブを沢山突き刺し、全体がクローブだらけになるくらいにします。これを火の前で時々まわしながら約30分間焙ります。焙りあがったら橙を半分に切ります。棒砂糖をつぶし、橙の切り口にたっぷりふりかけます。普通の辛口の白ワインをシチュー鍋でよく温めますが、時にはホームズ様がお渡し下さった甘辛中間《ミディアム》のシェリーや辛口のマルサーラ・ワイン*を代りに使うこともございました。半分に切った橙をパンチ・ボールの中に置き、熱したワインを上から注ぎます。ワインを熱して作る飲み物は決して沸騰させてはいけません。

ニーガス酒

これはホームズ様もマイクロフト様も大変お気に入りだったお飲み物でございます。甘辛中間《ミディアム》のシェリーまたはルビー色のポート・ワイン1本を厚手のシチュー鍋に入れ、かまどの端で温めます。もうひとつ別のシチュー鍋を用意し、そこに熱湯1パイントを入れて冷めないように温めておきます。大きいレモン1個を薄くスライスし、たっぷりしたボールに入れます。その上から熱したワインを注ぎます。お好みに応じて砂糖を加えますが、殿方は甘ったるいのはお好みになりませんので、甘くし過ぎないようになさって下さい。次にかきまぜながら熱湯を加えてから、ブランデー、クラレット・グラス(6⅔液量オンス——ファニーのメモ)1杯、挽いたナツメグ、たっぷり2つまみを加えます。あつあつのところをグラスに入れてお出しします。

雄牛の乳《ブルズ・ミルク》

これは暑気払いの飲み物で、暑い夏の晩に殿方だけの陽気なお集りがあった際に、ホームズ様から、拵えるようにとのお求めがあったものでございます。そのような折りには、私がつぎのお料理を持ってお楽しみの中ほどで入ってまいりますと、お部屋の空気はむっとして私には耐えられないほどでございました。

このお飲み物には驚くべき強壮効果が備わっていると言われております。

タンブラー3杯の新鮮で香りのよい牛乳を大きな水さしに入れます。そこにクラレット・グラス1杯（6⅔液量オンス——ファニーのメモ）のラム酒、同量の安物のブランデーを加えます。ナツメグとシナモンをそれぞれたっぷりひとつまみと、それに棒砂糖をつぶして加えてお好みの甘味をつけてから、ここに大きい卵3個を軽く泡立てた上で、かき廻しながら加えます。大きなボールの中央に「雄牛の乳」を入れた水さしを置き、周りを砕いた氷で囲み、少なくとも1時間そのままにしておきます。時間が来たら、氷のかけらを1ポンド、砕いて粉々にします。これをお出しするその時に水さしに入れ、ごく小さいワイン・グラスに——この飲み物は強力なのです——注いでお出しいたします。

黒いビロード《ブラック・ベルベット》

ホームズ様が、「競馬仲間」とご自分では呼んでおられた方々をおもてなしした折に、この飲み物の作り方を私に教えて下さいました。私は個人的にはこれは本当にぞっとするような飲み物だと思っております。

その場におられる銘々がタンブラーをひとつとり、その中に1/3の分量までスタウトを入れます。次にごくゆっくり、したたらせるようにしてグラスのふちまでシャンペンを入れます。小さい棒を用意して、あまり乱暴にしないようにしながらかきまぜます。これをお飲みになろうという方には、エールのようにひと息でグイと飲み干したりせず、ごくゆっくりお飲みになるようにと教えてさし上げて下さい。

王者の一杯

私の記憶では、ベーカー街でこのお飲み物が出された機会は二度しかございませんでした。その第一はボヘミア国王陛下のご来臨を賜った時で、二度目はカーモディー様とおっしゃるホームズ様のご友人がその午後結婚なさろうという時のことでした。私どもにお見えになるとカーモディー様はたいそう緊張しておられましたが、やがてホームズ様が私をお呼びになりました。ホームズ様が呼鈴の紐をお引きになったのにお応えして私がまいりますと、ホームズ様は快活にこうおっしゃるのでした。「カーモディーさんはこれから華燭の典を挙げられるので、少々落ち着かなくていらっしゃる。例の名人に気分を鎮めてもらわなくてはならないんだ、ハドスンさん。『王者の一杯』を飲めばたちまち気持が落ちつくとこの方に請け合ったところなので、すまないが一杯作ってくれないかね」

氷をいっぱい詰めたワイン・クーラーに辛口のシャンペンをひと壜入れ、壜をまわしながらよく冷やします。ゴブレットの内側に大匙2杯の上等のブランデーをよく廻らせておいてから、そこにシャンペンを注ぎます。グラスを振ってまぜ合わせてからすすっていただけば、緊張の極に達した神経もたちまち鎮めることができます。私の「著名な雇主」が教えて下さったことですが、この飲み物の名前の由来は、プリンス・オブ・ウェールズ殿下、後のエドワード七世国王陛下がたいそうこれをお好み遊ばされたという簡単な事実によるものだそうでございます。この飲み物をゴブレット一杯ワトスン先生に差しあげると、先生はこう叫び声を上げられるのでした。「これは驚いた、ホームズ君。こいつは素晴らしい」これはふだんホームズ様が驚くべき推理を示された時に、ワトスン先生がよく口になさるお馴染の叫び声だったのでございます。

ジャムや漬物

手づくりの保存食品

ホームズ様は苦味のあるオレンジ・ママレードがお好きでした。ワトスン先生はこれはお好きではありませんでした。ワトスン先生の奥様は、お二人のご結婚前の交際時代には、ことのほか私の作る野苺のジャムをお好みでしたが、私はそれを作るために一日外出日をいただき、ケントまで出かけたものでございます。ケントへは汽車に乗ってセブンオークスまで行くのでございますが、そこに着くと私の甥がポニーの引く二輪馬車で出迎えに来ているのでした。甥はその辺りで「追ってみたい」事があるから土地の貸馬車屋から馬車を一台借りる必要がある、などというでっち上げ話を新聞社に話してこの馬車を手に入れたのではないかと思います。そうだといたしましても、この件に関しては要らぬ詮索をして、古い諺にもある「藪をつついて蛇を出し」たりせぬのが最良の策と私は自分にいい聞かせておりました。甥は私のピクニック用のバスケットを中におくと馬車から緋色のネルで裏打ちをした大きな革の膝掛けを取り、私を自分の隣りの席に引っ張りあげると、私の膝をそれでくるんでくれるのでした。馬車は軽快に走り出し、こうして私たちは暖かい夏の日に町を後にするのでした。2～3マイル行くと、私達は平穏と静寂の支配する林を縫ってうねうねと続く荷馬車道へと折れて入って行きました。土手にはみっしりと野苺が生い茂っておりました。私達は、そこで膝をついてせっせと摘みはじめ、丸い麦藁の籠をこの宝物でいっぱいにするのでした。この野苺から、私は「野苺のタルト」も拵えましたが、これにはジャムを作る時の浮きかすを使いますので、こうすると無駄になるところが何もないのでした。

ここでひとつ白状いたしますと、私は「冬瓜と生姜のジャム」が大好物なのでございます。冬瓜は、普通のお料理の本では皮も実も硬くなってから使うようにと書いてありますが、私はそうなる以前の若くて新鮮なものを使ってこれを作ります。私はまた「杏ジャム」をたっぷり用意しておかねば気がすまなかったものですが、これを作るには私のお料理によく出てくる杏のピューレーを作る時に使う干し杏を使いました。それに、喉の痛い時によい黒すぐりのジャムや「黒すぐりのタルト」もあります。特にこの小さなタルトは見逃せません。「赤すぐりのゼリー」はワトスン先生が「おお野うさぎの煮込み」を召しあがるときのつけ合わせにも必要でしたが、私自身、甘いお菓子、とくに「ココナツのマドレーヌ」に糖衣を着せるときにこれは欠かせぬもので、また、この「ココナツのマドレーヌ」をいただきますと、その後にはどうしても私のチャツネ類やお漬け物類《ピクルス》がほしくなり、これらも私どもの家全体として見ますと大変な分量をいただくことになり、ことに私の「玉葱のピクルス」の必要量は莫大なものでしたが、これに関してはまた、私がみっともないほどに口うるさいのでございました。

全体として見て、ジャム類は私のお料理の中で大きな役割を占めておりましたが、それは、「ローリー・ポーリー」（ジャム入りプディング）の類を作るのにジャムが必要だったからで、こうしたジャムの中では私は「黒すぐり」がとくに好きで、「スイス・スポンジ・ロール」を作る時に「杏のピューレー」の代りに使ったり、「ビクトリア・スポンジ・ケーキ」の間にペタペタと塗って挟みこんだりいたしました。そこで、他のものも一緒にして一章を設け、「皆様の手引き」としていただくことにいたしましたが、ここにありますのは、私が作って食べてみておいしかったものを年々書き加えておりましたものの中から選んだものでございます。

チャツネ

私はワトスン先生たったひとりのお楽しみのために作らなければならないものが幾つもありましたが、これもそのひとつでございます。

まず大きいスペイン玉葱4個を用意します。これをみじんに刻んで口の広い壜に入れ、かぶるまでワイン・ビネガーを入れます（先生は例のモルト・ビネガーを使うようにとおっしゃいましたが、正直に申しまして私は使う気になれませんでした）。丈夫な羊皮紙（料理用アルミ・ホイル——ファニーのメモ）を結わえつけてぴったりと蓋をし、7日間寝かせます。7日が過ぎましたら、大玉のピピン種のリンゴ12個を用意し、これの皮をむいて芯を取り、石の壺に詰め込みます。ワイン・ビネガーを1ジル加えてから羊皮紙で蓋をし、弱火のオーブンで全体が崩れるまで熱します。全体がまんべんなくすっかり崩れるように、熱いうちにゆすってから、カレー粉、½オンス、おろした生姜、1オンス、種を抜いた干しぶどう（細かく刻んでおいて下さい）、½ポンド、黒（粗）糖、½ポンド、唐辛子、小型の茶匙すり切り1杯、ワイン・ビネガー、1½パイントを加えます。こうして混ぜ合わせたものにコルク栓をして少なくとも7日間寝かせておかねばなりません。そうしたら、ここに玉葱の方の罎の中味を混ぜ込み、もう一度コルク栓をして少なくとも次の月の同じ日まで寝かせます。ワトスン先生は一年経たなければ「食べ頃」にならないと主張されたものです。「あの子」と私は、両方の期間が過ぎたところで試しにいただいてみましたが、あまり感心いたしませんでした。

ワトスン先生のインド風リンゴのチャツネ

他にもいくつかございましたが、これもワトスン先生のために切らさぬようにしておいてほしいとお求めのあったものでございます。このお務めは先生がご結婚なさった後も続きました。と申しますのも、ご自分のお宅の料理番に教えようと努力なさったものの、その出来栄えにいたく失望なさった結果、以後はいつもこうおっしゃるのでした。「本物のチャツネを作れるのはハドスンさんだけだよ。少なくとも私の口に合うのを作れるのはね」これもお賞めの言葉と受け取らねばならないのでございましょう。

◆**材料**　できるだけ酸っぱい青い料理用リンゴ（芯をとって）、2ポンド。ワイン・ビネガー、朝食用カップ3杯。唐辛子、1オンス。にんにく、1オンス。エシャロット（ごく細かくみじんにして）、2オンス。挽いた生姜、1オンス。あら塩、2オンス。辛子種、4オンス。タマリンド（ちょうせんもだま）、4オンス。種を抜き細かく刻んだ干しぶどう、12オンス。柔らかい黒（粗）糖、1ポンド。

♥**作り方**　あまり大切でないお鍋にリンゴとビネガーを入れ、かまどの端にかけてリンゴが崩れるまで煮ます。どろどろになったリンゴをたっぷりしたボールに移します。準備した残りの材料を加えてよく混ぜ合わせます。小さな石の壺に入れ、半皮紙（料理用アルミ・ホイル——ファニーのメモ）を結わえつけて蓋をして乾燥した場所に貯蔵します。ワトスン先生は、このチャツネは時間が経てば必ずそれだけおいしくなると考えておられ、壺に入れてから少なくとも三カ月経たないものは、お勧めしてもめったに手をおつけになりませんでした。

ワトスン先生お気に入りの生チャツネ

ある時、ワトスン先生は、私が食卓にお出しした銀の蓋付きのガラスのチャツネ容れを空にされると、こうおっしゃいました。「実に逸品だねえ、ホームズ君。これをつけるとコールド・ミートも食が進むというものじゃないか」するとホームズ様は渋い顔をしてこうお答えになりました。「もしこれがコールド・マトンだったとしたら、目も当てられないところだよ、ワトスン君。これはよく考えた上での私の意見だが、そんなことが女房持ちの家で起ったら、立派な離婚の理由になるね」

◆材料　うんと大きい熟したトマト、1個。トマトの⅔の大きさのスペイン玉葱、1個。青唐辛子、1本。レモンの搾り汁、たっぷりひと搾り。塩、2つまみ。挽き立ての黒胡椒、卵用スプーン山盛り1杯。

♥作り方　トマトの皮をむきますが、これにはまずトマトを熱湯に浸け、3分間経ったら、今度はこれを冷水に浸けると皮は簡単にはがれます。果肉をごく細かく刻み、玉葱も皮をむいてから同じように細かく刻みます。青唐辛子を縦に割り、種を取ります。今までのものと同じように細かく刻みます。これらのすべてを乳鉢に入れ、ごくゆっくり乳棒で潰し、レモンの搾り汁、塩・胡椒を加えます。材料はご家庭でお使いになる分量に合わせて増やしていただいて結構でございます。ただ、残り物を出して無駄にすることのないように、くれぐれも自重して判断なさって下さいませ。

★ファニー・クラドックからのご注意　材料を全部ザク切りにします。液化器または乳化器に入れます。スイッチを全開にし、4分間待ってからお出しします。ごめんなさい、ハドスンさん。

ホームズ様お好みの苦味のあるオレンジ・ママレード

新聞を見ておりますと、毎年必ず、料理番やご自分で一家を切り盛りしておられる奥様からの投書が載っていて、自家製のママレードがうまくできなかったと訴えていらっしゃるのが目に入ります。中には緩すぎるという方もありますし、また固すぎるとおっしゃる方もございます。このような投書の載る時期は決っていて、婦人欄に「セビル・オレンジ（橙）がそろそろお店に顔を出していますので、ママレード作りに取りかかるのが賢明な奥様方の義務というものでしょう」といった記事が出ると、必ずその二、三週間後に現れるのです。こうした記事には普通一、二の作り方が付いておりますが、私にも私流の作り方がございます。

この作り方は、ホームズ様にはいつも必ず喜んでいただきましたが、私自身はとても我慢できませんでした。これはゆるすぎて流れてしまうようなことはないとはいうものの、ただ、ひどく苦味が強いので、私などはこれを舐めると、しばらく舌がヒリヒリしてしまうのでございます。

♥**作り方**　橙12個を用意し、注意深く目方を計ります。目方を確かめたら、橙1ポンドについて12オンスの割合で砂糖を計っておきます。これは脇においておきます。大きいレモン4½個分の皮をすりおろし、果肉からは汁を搾っておきます。橙を4つに切ります。きれいに皮をむきます。この皮を冷水に入れ、火にかけて、皮の面にピンの頭が突き通るくらいの軟らかさになるまで煮ます。皮を水から揚げ、水気を切って冷まします。冷ましている間に、果肉の塊の方に取りかかります。種を全部取り出してボールに入れ、冷たい雨水½パイントを入れて、一晩これに浸しておきます。¼にした果肉についている白いすじをきれいに除きます。果肉と砂糖を一緒にし、これも一晩寝かせます。翌朝になりましたら、調理ずみの皮を取り出し、綿の部分を上に向けて置いて、よく切れるナイフでこの白い綿を除いてから、⅜インチの帯状に切ります。これを砂糖漬けになっている果肉に混ぜ入れます。種を浸しておいたお水と、そこに溶け出した少しヌルヌルしたゼリー状のものを加えてからよくかきまぜ、火にかけて、ごくごくゆっくり温めて、コトコトと静かに煮立ってくるようにします。こうしますと、必ず、ママレードが沸騰するまでに砂糖がひと粒残らず溶けてしまいます。沸騰したあとは、ゆっくりコトコトと煮込み、全体が黒っぽくなり、試しにスプーンにほんの少しをソーサーに滴らせてみて、これが固まるようになればできあがりです。

赤すぐりのゼリー

ここで申し上げる作り方は、すべてのゼリーを作るときに当てはまるということを心に留めておいて下さい。手順はいつも変らないのです。ただ、果物の種類によってその処理の仕方が違うだけですので、作り方はこれが「基本」だとお考えいただきたいのです。

まず最初に頭に入れておいていただきたい第一のきまりは、漉した果物の汁1パイントに対して、1ポンドの漬物用のお砂糖または棒砂糖が必要だということです。

第二は、果物が何であれ、その色も香りもすっかり溶け出してから、初めて果物の汁を漉して使うということです。

三番目は、果物の汁はちゃんとしたゼリー用の漉し袋で漉すということです。この袋は非常に厚いフェルトの様な布でできています。清潔なリンネルを使って漉したりするような間違った節約は愚かなことです。

最後に四番目のきまりは、そろそろ出来あがる頃だろうと思ったときに、試しにひとかけソーサーの上に載せてみて、もしそれがちゃんと「ゼリー状に」固まらなかったとしたら、分量が多ければ固まるだろうなどと考えるのは、まったく無駄だということです。この不可欠の試験を行ったときに、ゼリーが「ゼリー状に」固まるようになるまで、コトコトとゆっくり煮続けなければなりません。

私推薦の作り方は次のようになります。お望みの分量の赤すぐりを、たっぷりしたお鍋に無造作にドサッと入れます。数珠つなぎにするなどという面倒は要りませんが、必ず中にいくつか、まるで熟していない実が混じっているようにして下さい。これにたっぷりの冷水、できれば雨水を入れますが、水は軸つきの実がお鍋の底に沈んだときに、その上に1インチかぶるようにして下さい。これをコトコトと煮立てますが、煮立て方は強目でも弱目でもこの際重要ではありません。と申しますのも、「実をスプーンですくってみて、すっかり無色に褪せるまで」煮続けなければならないからです。そうなりましたら、全部をゼリー用の漉し袋に入れますが、この場合袋はちゃんとした袋立てに掛け、大きな容器を下に受けるのを忘れないようにお願いいたします。一晩そのままにしておき、色も香りも抜けたすぐりの実のカスが、自分の重みで水分を一滴残さず搾り出すようにします。容器に溜った汁の分量を計ります。先にご説明した割合でお砂糖を加えてから、お砂糖がひと粒残らず溶けるまでごく弱火にかけます。お砂糖が溶けたら、ゆっくりコトコトと沸騰させ、「凝固試験」をするまで煮続けます。少量の浮きカスが寄せ集まりますと、まるい輪になり、それが中央の泡立っている辺りから、次第にジャム用ケトルのへりの方へと広がっていくのがおわかりになるでしょう。この浮きカスは、「凝固試験」が上手くいってから取り除いて下さい。取り除いたら壜に詰めた上で蓋を結わえます。

ななかまどの実のゼリー

ななかまどの実はすっかり熟れてから摘まなければなりません。作り方は「赤すぐりのゼリー」と同じです。ところで、このゼリーを食べたからだとされている、不思議な効果がございます。私の父は、年の割には若く見えたのは確かでございますが、その父の申しますには、父の父親も、そのまた父親も、自分たちがきわめて高齢に達するまで、あらゆる意味で男性的な活力を失うことがなかったのは、ななかまどの実をゼリーにして食べたからだ、と主張して譲らなかったそうでございます。これが本当のことかどうかは、各自ご判断いただくほかはありません。私がこれについてホームズ様におたずねしますと、例によって、ホームズ様はたくさんのことを説明して下さいました。それによりますと、これは元来スコットランドやスイス、それに特にスカンジナビア半島の国々に多い木なのだそうでございます。アイルランドでの呼び名は「クイックン」*といい、スコットランドでは「ローアン」というのだと教えて下さいましたが、ご自分では「マウンテン・アッシュ」とか「ソルブス・アクパリア」と呼んでおられるとのことでした。「僕の記憶では」とお話を続けられるのでした。「60フィートもの高さになるものもあると言うことだ」ご主人様の前に立って話を伺っている間には、もちろん、私の貧弱な頭脳ではそんなに沢山のことは憶えきれませんでしたから、ご想像いただけるかと存じますが、ご親切にもご主人様は、こうしたことをみんな、美しい字で私にメモして下さったのでした。このメモから、私は、モラウィケ・エドゥリスという品種が大きな実をつけ、フランスではゼリー類にはこれが一番好まれているということを知ったのでございます。

また、ホームズ様は補足説明として、これは俗称では「ランティ」とも言われる、という趣旨のことを付け加えられましたが、どこの国でその名前が使われているかはご存知ないと口惜しそうに白状なさるのでした。

ホームズ様は、また、こうもおっしゃいました。「知っていなければいけないことはね、ハドスンさん、いつだか解らぬくらい昔から、この木にはあらゆる種類の神秘的というか、ええ、そのう、人に夢を抱かせるような特質があると考えられてきたのだ。なるほどリンゴ酸を多量に含んでいることは確かだがね。しかし、それとても、古くからアイルランドに伝わる、『クイックンの実』を食べるとどんな年寄りも30歳に若返り、あらゆる点で男盛りの力を取り戻す、という言い伝えを確証するほどの分量ではないのだ」ホームズ様はそういって、何の意味か存じませんが「リンゴ酸＝C4－H6－O5」と書き加えて下さいました。こんなに素晴らしく学問のあるご主人にお仕えすることができるのはこの上もなく尊い特権なのだ、と心の底から有難く感ずるのは、このようなときでございました。

オックスフォード・ソース

私どものお二人の紳士、と申しますのはホームズ様と、お気の毒にも古傷のために大層苦しんでおられたワトスン先生——私が秘かに思いますのに、先生がスパイスをきかせた辛いお料理を好んで召しあがるのが、これには一層いけないことだったのだと思うのです——のことなのですが、このお二人が、私の「オックスフォード・ソース」をお好みになられたのは、嘘いつわりのないことでございます。お二人の中で、コールド・ハムの薄切りに、より気前よくこれを塗って召しあがるのは、断然ワトスン先生の方でございましたが、ご主人様の方とて、ご自分も気に入っておられると明言なさっていたのですから、私は、それが私の義務に他ならないと心得て、いつも、これを準備しておいたものでございます。

♥作り方　ボールで次のものを混ぜ合わせます。黒（粗）糖の最も色が濃く、柔らかいもの、8オンス。イギリス風辛子を溶いて、3オンス。あら塩、1オンス。粉胡椒、½オンス。最上のオリーブ油、9液量オンス。この最後のオリーブ油は、他のものをかき混ぜながら、その合間に数滴ずつ加えるようにしますが、同じ要領で、赤のワイン・ビネガー4液量オンスを混ぜ入れます。よくかき混ぜますと、クリーム状の濃いソースができあがります。壜に詰め羊皮紙（ホイル――ファニーのメモ）で蓋をして、涼しい所に貯えます（ネジ込み式の蓋のついたビンに入れる――ファニーのメモ）。

私のプラムのポート・ワイン漬け

ご主人様が、何か特に縺《もつ》れた問題に取り組んで、ひどく難渋していらっしゃるときには、熱い濃いコーヒーを絶やさないようにしておくのが私の務めでしたが、それは時として夜中の2時3時に及ぶこともございました。そのようなある折り、ホームズ様が一日中何も召しあがっておらず、私が食べものをおすすめしても、手を振ってお断りになったのを承知しておりましたので、私は、ホームズ様の一番お好きな入れ方で――普通のエナメル張りの水差しでコーヒーを新しく一杯入れ、小さなボールに私の「プラムのワイン漬け」を盛ってお盆に載せ、それをホームズ様のすぐ近くにそっとおいて、つまり先立ちでお部屋を下がってまいりました。翌朝になって見ますと、何とひとつ残らず無くなっているではありませんか。このことについて私の方からホームズ様に何か申し上げようなど、私は思ってもみませんでしたが、ホームズ様は、鹿撃ち帽《ディア・ストーカー》を手にして階段をかけ下りながら、私を目にされるとこう叫ばれたのでした。「やあ、ハドスンさん。今日は家で夕食をとる。ヘイスティングズ氏もご一緒だ。夕食の時に、あの素敵なプラムをもう少し出してもらえないかね」そうおっしゃると「ビリー、ついて来い」と大声で叫んで、飛び出して行かれるのでした。ビリーと言うのは「あの子」の名前で、ホームズ様は当時どこへ行くにも、この子供を連れていかれたのでした。

◆**材料**　1クオート入りの漬物用の広口壜、1。最上質のプルーン、約1½ポンド。「粗糖」という名で売られている、柔らかい褐色のお砂糖、½ポンド。普通、「高級赤ブドウ酒」というラベルをつけて売られているものの、決してそうではない、低級なポート・ワイン、1本。

♥**作り方**　プルーンを広口壜に詰めますが、はじめはゆるくザックリ入れて、これを落ちつかせるために、壜の底を軽くトントンと板に打ちつけてやります。プルーンが肩のところまで詰ったら、「粗」糖を上から注ぎ込み、これがすっかり入ったら、時々壜をゆすりながら、口までいっぱいになるまでポート・ワインを注ぎ込みます。蓋をして、涼しい場所の乾物棚に置いて3カ月寝かせますと、召しあがれる状態になります。ここで申し添えておかなければなりませんが、これは大層アルコール分の強いものですから、普通の方には数を控え目に召しあがっていただかなければなりません。また甘党の方でも、小さなガラスのお皿に3つか4つ、ポート・ワインと砂糖のシロップと一緒に盛ってお出しすれば、たいへん喜んでいただけます。この場合、はじめに、シロップに濃い生クリーム少々混ぜこんでおきますが、こうしますと生クリームは、シロップに加えた時の不思議な働きで、たちまちとろ味がつきます。甘い物は苦手とおっしゃる方の場合には、プルーンにシロップだけをごくわずか――お出しするまでサイド・ボードの上に置いておく間にプルーン（今や再びプラムになっています）が干からびてしまわない程度――にかけてお出しします。

このささやかな本を書き終えて

悪戦苦闘しながら筆を運んでまいりますあいだ、慣れない仕事に腕が痛くなってペンを措きますと、すっかり自分が昔どおりにお二人にお仕えしているような気分になっていることが幾たびもございました。

そんな折りには、私は「われらが聖域」とお二人がお呼びになった例の居間に舞い戻って坐っているのでございます。また、時には、それはクリスマスに近い雪の降る冬の夕暮で、ランプの灯りが窓ごしに白い舗道に落ちかかるのを見ながら、私は重いカーテンを引いております。それからまた、私の作ったケーキにかけたアイシングのように、街灯に雪が降り積っている光景を私の記憶の中に思い起こすこともございます。路面がつるつると滑りやすいので、辻馬車や乗合馬車が歩調を緩めながら、ガラガラ、ゴトゴトと通り過ぎていきます。ボロをまとった街角の掃除人が、震えながら手には箒を握りしめ、霜やけにかかった足先を、辛さのあまり哀れに丸めております。どこかのご紋章のついた馬車がおもてに止まり、ホームズ様が舗道に身軽に飛び降りて来られます。外套を身にまとい、寒さを防ぐために帽子の耳被いをすっぽり下ろしておられます。その傍を、沢山の家路を急ぐ男たちが首には襟巻をし、手にはクリスマス・ツリーや鵞鳥やそのほか色々の包みをいっぱい抱えて重い足どりで舗道を通りすぎて行きます。

私の小さな小屋に腰を下して、様々のお料理の作り方を書き進みながら、それにまつわる逸話をあれこれと思い出しておりますと、すっかりその当時をもう一度生きているような気持になってしまうのでございましたが、そんなことがあまりに度重なりましたので、今もまた、もう一度あの暖かい清潔なお台所に舞い戻ったような気持になって、まるで目の前にご本人が居られるかのように、昔お世話をした方々の生霊に向って話しかけてしまうのでございます。この本を書いておりますあいだ、私にはそれが現在のことになってしまったのでございます。

ワトスン先生が暖炉の前に腰を下してホームズ様の説明に耳を傾けていらっしゃるのが見えます。古傷がいつも先生を悩ませていると見え、先生の手が知らぬ間にそっとその方に動いて行くのが見えます。

あるいは、私自身があの部屋に戻っていて、膝をついて暖炉に火をくべていたりします。私の古い赤いフランネルのペティコートで作った石炭用の手袋をはめた手で、火にくべようと石炭をつかんでいます。そうしながらも「僕の葉巻が石炭キャビネットに入っていることを忘れないでくれよ、ハドスンさん」というホームズ様の厳しいご注意を忘れているわけではありません。石炭を積み終え、除けておいた葉巻の箱を元に戻すと、昔よくしたように、ゆらめく暖炉の光の中であたりを見廻して、まるで本当にそこにあるかのように、ピカピカに磨かれたサイド・ボードや、部屋の隅にあるホームズ様の化学薬品の壜やレトルトが炎に光っているのが目に入ります。炎に照らされて次々と目に入ってくるのは――金庫の上の真鍮細工、百を超す家具・骨董品・帽子・ピストル・スリッパ・本の類――いやはやお掃除の大変なお部屋でしたこと。何しろ私は「厳重なご命令」に縛られております。「頼むからこの書類の位置を絶対に変えないでくれたまえ、ハドスンさん」ホームズ様から耳にたこが出来るくらいそう言いきかされていたのでございます。それは難しいことでございました。しかし、そのことを思い出しておりますと、また、こまごまとしたことが端から思い出されてまいります。あの熊皮の敷物。それに鹿猟用の猟犬の絵。なにしろ例の素敵なお医者様が、お部屋に入って来るたびにあの八角形のインド製のテーブルにつまずかれるので、この絵と来たらいつも横に傾《かし》いでいて、私がそのたびにまっすぐに元に戻さなければならないのでした。

あるいはまた、私はお部屋の中のあちこちのほこりを払って廻っております。だらしなく積み重ねられた書類の山には指一本触れてはいけない、というご命令は受けておりましたものの、それでも埃を払わなければならないものは数々ございます。あの、コブラが今にも飛びかかろうとしている柄のついた、銀製の住所カード立て。あのバネ蓋のついた金貨入れ。アフガン戦役のときの銀の勲章。「ある高貴な婦人」の雪花石膏（アラバスター）の胸像。それに、畏《かしこ》くもボヘミア国王陛下ご自身がご主人様に賜った、蓋に大きな紫水晶のついた、あの有名な金の嗅ぎ煙草入れさえございます。おまけに、ご主人様は始終金庫からこれを取り出しては、それをまたそこいらに放っておかれるのでしたが、私としてもこれにはどうしようもございませんでした。それは、例のレジョン・ド・ヌール勲章や、ヴィクトリア女王より賜ったエメラルドのネクタイピンにしても同じことで、こうしたものは貴重品にふさわしく大切に鍵をかけてしまっておかれたらよいのに、と思われるのでした。それからまた、かつてはジェイベズ・ウィルソンの時計の鎖にぶら下っていた、奇妙な四角い中国の貨幣もございます。忘れもいたしません。他にも例の明朝の小皿、青い紅玉等々がございまして、いやはや、その散らかりようときたら……。私の判断力は今やそれらの品物にまつわる私の深い感傷で曇ってしまっているのに、それでも、あの乱雑さを思い出しただけで、その中に暮していた当時と同じように、私は苛立って来るのでございます。

トライプと玉葱のお料理の作り方を書いたときには、221番地Bの階下でこれを拵えておりました時の恐ろしい記憶が鮮かに甦ってまいりました。私は、記憶の中で、もう一度料理の手を休め、床を這って部屋を横切っていき、窓際の蠟の胸像を動かすのでした。そうしておりますと、今度は、呼鈴が鳴りますので扉を開けてみると、そこには、下卑た巨漢がいて、私にニヤニヤと笑いかけていた時の、あの恐ろしい記憶が戻ってきます。あの時と同じように、心臓は割れんばかりに早鐘を打ちました。この乱暴者はホームズ様に会わせろと申すのでございます。私はできるだけこの恐ろしい怪物から離れるようにしながら二階へ案内し、この男がお会いしたがっている旨をお告げしてから、脇に身をよけて改めて目をやると、この男は長い脚を大股に開いて戸口に立ち塞がり、中に坐っておられるお二人に向って、こう詰め寄るのでした。「どっちがホームズさんだい」それから私は戸を閉めて、やれやれよかったとお料理に戻ったのでございます。

私はまた、お二人が暖炉の前で寛いでおられる、どちらかといえばもう少し愉快な光景も憶えておりますが、ここでは、ホームズ様は、模様織りの化粧着を身につけ、翼型のカラー《ウイング・カラー》をして黒のストック・タイ（これは私がアイロンをかけたものです）を締め、長い手足をだらりと伸ばして腰を下しておられます。ストック・タイを留めているタイピンは、これもまた、ご主人様の鮮やかな推理が成功を収めたのを記念するために賜られた貴重な品物のひとつなのでございます。

ベインズ警部と若いスタンレー・ホプキンズ刑事に私の居間でお茶を差しあげたことを書いておりました時には、例のもうひとりの警部さん、レストレード氏を思い出しましたが、私はこの方にはどうしても我慢がなりませんでした。もちろん、私が嫌っているということは、毛ほどもおもてには表さないようにしておりましたが、私はこの方の尖ったねずみのような顔つきを見るだけで腹が立ったのでございます。この方は私には狐かイタチのように思われて、私の居間でお茶を召しあがるようにとお誘いしたことは一度もございませんでした。

私が苦心してペンを運んでおります間には、私が身近にしていたこまごまとした品々も、まるで生き物のように私の記憶の中にヒョイと顔を出してまいりました。例えば、ペルシャ製のスリッパもそのひとつで、ホームズ様は煙草を刻んでこのスリッパのつま先にしまっておかれたのでした。変り酒と強精飲料について書いております時には、私の雇主がふかされる煙の臭いが本当にしたと誓ってもよいくらいでございました。あるいはまた、殿方の賑かなお集まりのことについて忙しく筆を走らせておりますと、お返事を出していない手紙の束がジャックナイフでマントルピースに突き刺してあるのが目の前に浮んでくるのでした。

私はまた、ホームズ様がお亡くなりになったと伝えられたときのことも、きのうのできごとのようにはっきり思いだすことができます。私は、すぐに一番良いボンネットに黒玉をつけてそれを頭に被り、震える手でリボンを結ぶと、礼拝堂にお祈りにまいりました。途中、私は外出用に身なりを正した沢山の若い方とすれ違いました。私には、これらの人々が相はからって、シルクハットの周りに黒い喪章を巻いてこの偉大な損失に対して弔意を表すことに決めたかのように思われたものでした。本当にあの時ほど辛かったことはございません。あの時のことを思うと決って思い出すのですが、私はその時パンを焼きかけでしたのに、そのことをすっかり忘れてしまい、家に帰って来たときには、もうまるでとり返しのつかない状態になっており、そんなわけで、このパンは完成の日の目を見ることはなかったのでございます。

さて、ここでお魚についてお話ししておかなければなりません。ご主人様と素敵なお医者様が決してお魚を召しあがらなかった、という馬鹿げた風評がございます。これは本当ではないどころか、まるで間違っています。お二人は魚の鮮度と質に関してはとてもやかましく、その調理法についても少々口うるさいくらいでしたが、それだけに、料理人が正直にそれを守って落度がなかった場合には、料理人にとって作り甲斐のある方々でいらっしゃいました。そういう難しい方々ですから、単にご主人様が魚料理について口にされたことが無い、というただそれだけの理由で、お二人が決してお魚を召しあがらなかった、というのはまったく「事実」に反しております。ともかく、私としてはこの問題にこれ以上触れるのはあまり愉快ではございませんので、先に進ませていただきます。

お二人をはじめ、貴顕の方々を含むその他の皆様にお作りしたお料理に関して、この本では触れていない部分が沢山ございます。あるとき、ホームズ様は私の作れるお料理の数がすこし少なすぎるとおっしゃったことがございましたが、その後いろいろと教えていただきまして、数年後には、普通の日の四回の主なお食事に関して、かなり広いお料理のレパートリーを持つようになったと自信を持って申し上げてよろしいと存じます。ホームズ様は食物についても、それから実際ワインについても、それは沢山のことをご存知でしたので、私はいわばそのおこぼれを頂戴したわけでございます。一方、私といたしましても物を覚えたい一心で、ご主人様がいったんワトスン先生のいう「驚愕すべき料理学的論考」を開始されたら、どのようにして注意をそらさずにそれに耳を傾けるべきかをよく存じておりました。

ワトスン先生は、いま申し上げたようにおっしゃったあとに付け加えて、「いやはや、ホームズ君。君のその長い頭の中に、何と桁外れな知識が詰っているかは、いつもながらまったく驚嘆措く能わずだ」とおっしゃるのが常でございました。私とてもいつものことには驚嘆いたしており、お蔭で随分得をさせていただきましたが、特にはじめの頃、ホームズ様がまだ本当にお若くていらした頃には、本当に驚き入ったものでございます。

おしまいに、これだけはどうしても言わせていただきたいのは、このささやかな本は私のレパートリーのすべてを収めたものではないということでございます。いえいえ、とんでもございません。ただ、今お手元にご覧いただいている分量を書き上げたとき、私の甥がこう申して私に書くのを止めさせたのでございます。「それでもう沢山だ、おばさん。あまり大部なものにして、分別のある出版屋がおじけづいて原稿を買ってくれなくなると困るからね。大部なものは出版屋の経費が嵩むだけで、その結果、名前の知られていない著者の場合には、売れ行きに非常な不利になるんだよ」

そんなわけで、言い残したことも多く、お話しし残した逸話も沢山あり、また数多くのお料理が、まだ私の頭の中と、私がいつも身近に置いて大切にしている古いメモ帳の中に詳しく丹念に書き留めたままになってはおりますが、このささやかな本を書きはじめた時と同じように、甥の忠告に従って筆を措くことにいたします。

ファニー・クラドックからのご注意

(1) ビーフ・ティー　病人用のビーフ・ゼリー(70ページ)も参照のこと。

(2) 右に挙げたお献立　故サマーセット・モーム氏は、何年か前、私と主人に「イギリスでたっぷり食べるには毎日三回朝食を摂らなければならない」と言われたものですが、私としては、ハドスン夫人に「愚かな人」と言われようとかまいません。ハドスン夫人ご推薦の朝食は、味覚乳頭を殺して、一日中味がわからなくなるよう目論まれたものだ、と断固主張します。

(3) 冷蔵箱　中に氷を入れる亜鉛製の箱。冷蔵庫の代用品。

(4) 鱒を入れる出し汁は完全に沸騰していなければならない　8オンスの鱒で、沸騰しているクール・ブイヨンの中に4分半から5分入れておく必要があります。

(5) 黒ビール《ポーター》　濃い褐色の麦芽飲料がこう呼ばれるのは、これがスミスフィールドの市場の肉の運搬人《ポーター》たちの大好物になったからです。

(6) バードする　フランス語のバルデ barder に由来し、牛、鶏、猟鳥などの肉が調理中に乾燥してしまうのを防ぐために、塩をしていない生の豚の皮の脂肪の薄切りでくるむことをいいます。

(7) 羊の胸部の臓物　羊の胸部の臓物とは、料理の目的で用いられたときの羊の心臓、肝臓、肺臓をいいます。

(8) ファミリー・サイズのパイ皿　思い出していただきたいのは、当時の家族は現在よりずっと大人数だったということです。もし小さ目のパイを二つ作って、ひとつは冷凍庫に入れておいて次の機会に焼くというのでなければ、ほんとうに大きなパイ皿が必要になります。焼いてから冷凍庫にとっておくのはよくやることです。

(9) ノワイヨー　このお酒は、今日ではソーホーのコンプトン街にあるエドワード・ロビンソン商会でお求めになれます。

(10) マーシャル夫人料理学校の購買部　1945年に閉校になりました。

(11) 二重底のお皿　二重底のお皿は今でも骨董品店もしくはガラクタ店でお安く手に入ります。たいていの場合、柳模様の陶器のお皿が深目の銅かしろめの底皿にはめ込まれた形になっています。小さな口があり、ねじ込み式のキャップがついています。キャップをはずし、上の陶器の部分と金属製の下皿の間の隙間に熱湯を入れてからキャップをします。

訳者からのご注意

＊「出過ぎた真似はするものではないよ、おまえ」 出典はディケンズの『ピクウィック・ペーパーズ』(第32章)で、下宿屋のおかみラドル夫人が言うせりふ。
＊プラム・ダフ ダフ(duff)は元来ドウ(dough＝生地)のことであるが、今日では強力粉の生地でできたプディングの意。また、プラムはここでは干しぶどうの意。
＊ジャベル水 次亜塩素酸ナトリウムの水溶液。漂白・殺菌等に用いる。ジャベルは元来フランスの古い町(現在はパリの一部)の名前に由来する。
＊青み袋 洗濯の仕上げに用いる青色染料の入った袋。
＊モルト・ビネガー 麦芽酢。麦芽、大麦、燕麦で〈もろみ〉を作り、これを発酵させたビールを濾過してから、酢酸発酵させて作った酢。
＊カスチール石けん オリーブ油と水酸化ナトリウムで作った白色の軟らかい石けん。
＊ホワイティング 天然の炭酸カルシウムを精製した純白のチョーク。胡粉《ごふん》。
＊「あの子」 ホームズは「緋色の研究」「四つの署名」の中で、町のホームレスの子どもたち

を使って事件の解決に成功したが、この子どもたちの一団を「ベーカー街遊撃隊《ベーカー・ストリート・イレギュラーズ》」と言う。「あの子」とはそのリーダー格のウィギンズ少年を指すものと思われる。

*タミー布　目の粗い平織の毛織物。漉し布。

*バター・モスリン　目の粗い薄地の綿布。バターを包むのに用いられたことからこう呼ばれる。

*バター・ミルク　牛乳または生クリームからバターを分離させた残りの脱脂乳。多少酸味がある。

*バター・ペーパー　バターやラードを包むのに使う油を通さない紙。

*サム・ウェラー氏　既出ディケンズの『ピクウィック・ペーパーズ』の主人公のピクウィック氏の召使。なお、続く文中でホームズが引用したことになっているふたつのせりふは、それぞれ同書の22章と23章に現れる。

*スペイン玉葱　水分が多くて舌ざわりの柔らかな大型の玉葱。しばしば生で食べる。

*マリガトーニー・スープ　本来は鶏肉を使った東インド発のカレー味のスープ。

*ヨークハム　イングランド北部の都会ヨークはハムの名産地。

*チーズ・クロス　目の粗い薄地の綿布。最初チーズを包むのに用いられたことからこの名がある。

*ビーフ・スエット　スエットとは牛や羊などの腰や腎臓のあたりの固い脂肪をいう。

＊フォースミート　味付けをした挽き肉。詰め物にしたりお団子にしたりする。

＊フールスキャップ　元来、紙の判型をいい、印刷用は17×13インチ、筆記用・図画用は16×13インチの大きさ。もともとこの大きさの紙には道化帽子《フールズ・キャップ》の透かし模様がすき込まれていた。

＊クラレット　ボルドー産の赤ワイン。

＊トライプ　牛の胃袋。

＊アピキウス　古代ローマの伝説的美食家。

＊うまパン《スウィートブレッド》　動物（特に仔牛・仔羊）のすい臓（腹のうまパン）または胸腺（喉のうまパン）。

＊レンネット　仔牛などの第四胃の内膜で、凝乳酵素レニンを含有している。また仔牛などの胃の中にある凝結乳をもいい、チーズを作る時に用いる。現在ではまた、レンネット膜から作った凝結剤をもいう。

＊ラムフォード伯爵　ベンジャミン・トムソン（1753―1814）。アメリカ生れのイギリスの物理学者・政治家で、ロンドンの王立科学研究所の創立者。料理の分野でも著名であった。

＊オランダ布　さらさない一種の麻布または麻綿の交織の布。光を通さないので、普通窓のカーテンなどに用いる。

＊懺悔の火曜日　聖灰水曜日の前日で翌日からレント（四旬節・大斎節）に入るので昔からこの日は遊び楽しむ日であった。この日にパンケーキを食べる風習からパンケーキ・デーともいう。

＊あばたのディック　スポッテッド・ディック（Spotted Dick）はプラム・ダフ（166参

照）の俗称。
＊アイシング・シュガー　糖衣（アイシング）をかける時に使うごく肌理の細かい粉砂糖。パウダー・シュガー。
＊グリーンゲージ　西洋すももの優良種。
＊オレンジ・フラワー水　橙《とう》花油（オレンジの花から得られる精油で香水原料）の水溶液。
＊セモリナ　マカロニを作るのに用いられる上質の小麦粉。
＊マコロン　卵白・砂糖にすりつぶしたアーモンドまたはココナツの実などを入れて焼いたクッキーの類。
＊チェルシー・バン　バンとは一般に香辛料や干しぶどうなどの入った甘食パンをいう。チェルシー・バンとはロンドンのチェルシーにあった元祖チェルシー・バン・ハウスにちなんだ、干しぶどう入りのうず巻パンのこと。
＊ゴールデン・シロップ　糖蜜に転化糖、コーン・シロップなどをまぜて作ったシロップ。
＊マルサーラ・ワイン　シシリー島の港町マルサーラ近郊で作られるぶどう酒で、シェリー酒に似た甘口の味。
＊クイックン　生命を与える、甦らせるという意味がある。

（単位の換算表は26ページをご覧下さい）

訳者あとがき

この本の著者ファニー・クラドックは、ITV系の民間テレビの料理番組に夫君と共に登場して、彼をこき使いながらコミカルに番組を進めるというやり方で人気の高い料理研究家ですが、そればかりでなく、料理の本、旅行案内、さらにはフランセス・デイルという筆名で、童話、小説をものし、その著作は総数的に80篇に及ぶという大変に精力的な女性です。

ここに訳出した『シャーロック・ホームズ家の料理読本』(原題 *The Sherlock Holmes Cookbook*)は、シャーロック・ホームズの下宿の女主人であるハドスン夫人が、ホームズやその同居人のワトスン医師のために作った数々の料理を、後に彼女が田舎に隠退して暇になってから一冊の本にまとめたという形をとっています。もちろん、本当の著者はファニー・クラドックであるわけです。彼女は、「はじめに」にもあるとおり、『シャーロック・ホームズ』の全部の物語を渉猟して、目につく限りの引用を拾いあつめ、こうして作ったか細い骨組みの上に」この本を組み立てたわけです。

ホームズの物語の愛読者ならすぐ気がつくことですが、クラドックの言う「か細い骨組み」というのは実に正直なところで、実際、ホームズの物語に食事の話が出て来るのは、そう頻繁なことではありません。何度かある言及といえば、捜査に忙しくて食事をする暇がなかった（例えば「オレンジの種五つ」）とか、病人のふりをするために三日三晩飲まず食わずに居た（「瀕死の探偵」）と言ったように、「食事」は主として寝食を忘れて捜査に熱中するホームズを際立たせる道具立てに使われているようです。そうはいうものの、一方には、ホームズが実は食事についてもなかなかうるさい存在であることが示唆される場面もあります。例えばストランドにある有名なレストランのシンプスン料理店に出入りしたり（「高名の依頼人」）、あるいは「花嫁失踪事件」で客用に「冷製の山鴨、雉子料理、フォアグラ・パイ、それに蜘蛛の巣だらけの年代物のワインを数本」を誂えておいたりするのは、ホームズのそうした面を示すものと言えるかもしれません。そこで著者クラドックは、捜査に忙しくないときに、食通シャーロック・ホームズはどんなものを食べただろうかと楽しい想像をめぐらし、普段はこれまた脇役に廻っているハドスン夫人を主役に押し上げて、この本を著わしたと考えてよさそうです。

しかし、著者が食通ホームズに想像をめぐらせてこの本を書いたとはいっても、ここに載っている料理が、ホームズの時代とは縁もゆかりもない想像上の産物だというのではありません。ホームズの活躍したヴィクトリア朝時代といえば、いうまでもなく、イギリスは世界各地に植民地を抱えて大英帝国の繁栄を謳歌した時代ですが、それは産業革命の結果工業が目ざましい発展を遂げ、それに伴って新興中産階級が富を蓄積して勢力を拡大していった時代でもあります。こうした、中産階級の富の蓄積と勢力の拡大という事態は、当然かれらの食生活にも変化をもたらさないわけには行きませんでした。つまりかれらは豊富な物資を利用して、従来は上流貴族階級のものであった贅沢な料理を自分たちのものとすることによって、自らの地位を確認し、誇示するようになっていったのです。こうした、いわば食生活の民主化とでもいった流れの中で、かれらの食生活を指導する役割を持つ人物が登場して来るのは当然の成り行きで、その最もよい例はイギリス人ならその名を知らぬ人とてないイザベラ・メアリー・ビートン夫人でしょう。彼女自身は1865年に29歳の若さで世を去ってしまいましたが、彼女が24歳の時に著した『ビートン夫人の家事の本』(*Mrs. Beeton's Household Management*)はその後も長くベストセラーを続け1960年に至ってもなお『ビートン夫人の料理と家事』と題名を改めた改訂版が出て、これが今日に至るまで版を重ねていますし、この本の普及版ともいうべきいくつかの本も現在まだ存在しています。ビートン夫人その人が『家事の本』を書いたころの読者は、中産階級とはいっても私達の標準からすれば大変なお金持ちで、時に大勢の客をよんでディナー・パーティーを開き、時には30品にも及ぶ料理を出してもてなす(それが家具や調度を誇示するよい機会にもなるわけです)といった人々ですから、彼女の本が現在そのまま通用するはずはなく、時代と共に内容を改訂し、現在では題名をとどめるだけといってよいようですが、それでもなお「ビートン」という名を冠しているということは、イギリスの家庭生活の歴史における彼女の持つ意味の大きさを示しているといってよいでしょう。

本書にたびたび名前が登場し、ハドスン夫人もその料理学校を見学したことになっているアグネス・バーサ・マーシャル夫人は、ビートン夫人より後の世代に属する料理研究家で、著者の「はじめに」にもあるとおり、彼女の著作が本書の下敷きになっているらしく思われるのですが、彼女は１８９０年頃『A・B・マーシャル夫人の料理の本』を出したのをはじめ、その後も何冊かの本を出版するほか、実際に料理学校も経営していたようです。残念ながら彼女についてはそれ以上詳しいことが解らず、本も目にすることが出来なかったので、この本がどの程度マーシャル夫人のレシピを取り入れているのかは解らないのですが、ビートン夫人の料理の本の古い版などを見ていて解ることは、著者のファニー・クラドックが昔風の料理の本に本書を仕立てあげようとしているということです。この本にあるレシピのかなりのものが、昔の本にも見つけられるのはもちろんですが、そればかりではありません。そもそもビートン夫人の『家事の本』は、その題名を見てもわかるとおり、単に料理のレシピを載せるだけではなく、その他こまごまとした家政上の注意を集大成した「新時代の家事の手引書」といった性格の本ですが、この本の普及版のひとつ『ビートン夫人の料理のすべて』と銘打った本を見ても、そこにはやはり家事のヒント的なものがつけ加えられており、たとえば「焼けこげの取り方」とか「こおろぎの退治法」といった事が紹介されています。本書の最初に収められている料理の本にしては一見ふしぎな家事のヒント集は、そうした伝統にのっとったものでしょうし、本文にあるハドスン夫人の説教口調も家事指南書としての料理の本の雰囲気を伝えようという著者のはからいでしょう。

考えてみれば、自分の国のことでさえ、百年も前の食べ物のことなど私達はよく知らないのではないでしょうか。落語の「鮑のし」の中で、しっかり者の女房の言いつけで、少々間の抜けた亭主の甚兵衛さんが、大家の若旦那の結婚祝いに尾頭つきを買いにやらされる場面で、鯛が5円で蛸が2円、鯖が80銭で、鮑が1ケ20銭なので、鮑を3ケで50銭にまけてもらって買って来る場面があります。これがいつ頃の物価なのかは私にはよくわかりませんが、それにしても、鯖より安い鮑など当今なら絶対にお目にかかれないでしょう。この『シャーロック・ホームズ家の料理読本』にしても似たような趣きがあります。例えば、イギリスでは牡蠣は今でこそ安い物ではありませんが、19世紀のはじめまでは沢山とれ、街の屋台でも売っていたごく安い食べ物であったようです。だからこそ、この本でホームズ氏が、「貧乏と牡蠣がいつもよく馬が合うらしいのは非常《しじょう》に面白いことですな」というサム・ウェラー氏の言葉を借りて、ハドスン夫人を少しばかりからかってみたりするのです。

実際、この本の面白味はシャーロッキアンを満足させるような、厳密なホームズ学的論考に則った研究成果にあるのではなくて、むしろシャーロック・ホームズの物語にその時代と場所を借りて、昔ふうの料理の本を組み立ててみたことにあるようです。だから、実際の物語では、ハドスン夫人の経営するベーカー街２２１Ｂの下宿屋が先に存在して、ホームズとワトスンは下宿代を節約するためにそこに一緒に住むことになるという設定になっているのに、この本では、「もとのお屋敷」で料理番からみっちり料理を仕込まれたハドスン夫人が自分から応募して住み込み料理人兼家政婦になるという設定に変っていますが、これもハドスン夫人により自然に料理の腕を発揮できる場を与えようという著者の思いやりでしょうし、また、「あの子」ことベーカー街遊撃隊のウィギンズ少年がこの家に住み込んでしまい、しかも「マザリンの宝石」などに登場する給仕のビリーと同一人物になっているのも、それらしい「世帯」を作り上げるための作者の工夫だったのでしょう。

ともあれ、葉巻を石炭入れの中にしまっておいたり、ペルシャ製のスリッパのつま先に煙草を入れておいたり、返事を出していない手紙をマントルピースの木枠にナイフで突きさしておいたりする奇行の持主を主人に持つのはハドスン夫人にしても気苦労の多いことであったにちがいありません。書類やピストルや化学薬品の雑然と散らかる部屋を右往左往し、時には「出来る料理の数は少々限られているのだが」とチクリとやられたすぐその後から「朝食のセンスはスコットランド女顔負けだ」とおだてられ（英語でスコットランド風朝食《スコッチ・ブレックファスト》とは、たっぷりした料理と飲み物からなる豪華な朝食をいいます）、そしてまた時には彼女自身も恐ろしい目に遭いながらも、尊敬して止まないホームズ氏のために一心に料理を作るハドスン夫人を思い浮かべながら、ホームズ好きの読者なら、このエピソードはどの事件の時のものであろうかとか、この料理はどんな機会にホームズが食べたのだろうかと想像してみるのも面白いことでしょう。また、料理好きの読者なら、この風変りな昔の料理はおいしいだろうかまずいだろうかと想像を働かせ、時には一体たべられるものかと首をかしげてみるのも楽しいことでしょう。

シャーロッキアンでもなく、また料理研究家でもない訳者としては、数多くの間違いを犯しているのではないかと恐れていますが、「イギリス版おばあさんの知恵袋」といった趣きのあるこの本の、ちょっととぼけたおかしみを楽しんでいただけたら、これに優る喜びはありません。

最後になってしまいましたが、この翻訳をご紹介下さった横浜国立大学の小野寺健教授、そして数々の有益な助言をして下さった晶文社編集部の村上鏡子、末村洋子の両氏に心から感謝いたします。

1981年2月

シャーロック・ホームズ家《け》の料理読本《りようりどくほん》
復刻版《ふっこくばん》
朝日文庫

2024年3月30日　第1刷発行
2024年6月30日　第2刷発行

著　　者　ファニー・クラドック
訳　　者　成《なり》田《た》篤《あつ》彦《ひこ》

発 行 者　宇都宮健太朗
発 行 所　朝日新聞出版
〒104-8011　東京都中央区築地5-3-2
電話　03-5541-8832(編集)
03-5540-7793(販売)
印刷製本　大日本印刷株式会社

ISBN978-4-02-265140-2

本多　勝一
〈新版〉日本語の作文技術
世代を超えて売れ続けている作文技術の金字塔が、三三年ぶりに文字を大きくした〈新版〉に。わかりやすい日本語を書くために必携の書。

本多　勝一
アムンセンとスコット
南極点到達に向けて出発した二つのチームの勝敗を分けたものは？　組織とリーダーシップを考えるための傑作ノンフィクション。《解説・山口　周》

深代　惇郎
深代惇郎の天声人語
七〇年代に朝日新聞一面のコラム「天声人語」を担当、読む者を魅了しながら急逝した名記者の天声人語ベスト版が新装で復活。《解説・辰濃和男》

河合　隼雄
中年危機
文学作品の主人公たちは、中年という人生の転換点にどう向き合ったか。日本を代表する心理療法家による色褪せない中年論。《解説・河合俊雄》

加谷　珪一
お金は「歴史」で儲けなさい
日米英の金融・経済一三〇年のデータをひも解き、波高くなる世界経済で生き残るためのヒントをわかりやすく解説した画期的な一冊。

下川　裕治／写真・阿部　稔哉
12万円で世界を歩くリターンズ
タイ・北極圏・長江・サハリン編

今度はタイと隣国の国境をめぐり、北極圏をめざし、長江を遡る旅へ。さらに、「12万円でサハリンに暮らす」ことにも挑む。